운곡 김동연 서예여정반세기 서체시리즈

Ⅰ궁체정자 Ⅱ궁체흘림 Ⅲ고체 Ⅳ서간체

겨레글 2350자

궁체흘림

운곡 김동연

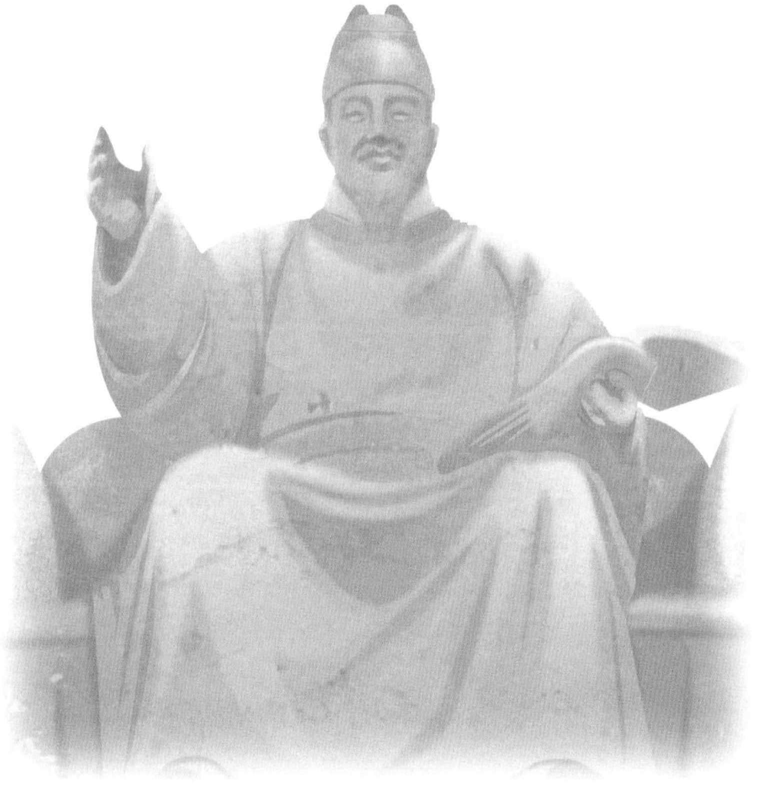

㈜이화문화출판사

청출어람을 기대하며

-겨레글 2350자 발간에 부쳐

인류 문명사에 가장 위대한 영향을 준 것은 언어와 문자로 대량 소통을 가능케 한 금속활자와 컴퓨터의 발명입니다. 금속활자를 통한 인쇄술의 진보가 근대문명을 이끌어 온 횃불이었다면, 컴퓨터의 발명과 보급은 현대문명을 눈부시게 한 찬란한 빛이었습니다.

세종대왕이 창제한 훈민정음은 유네스코가 세계기록문화유산으로 이미 인정한 터일 뿐 아니라, 세계 여러 문자 중 으뜸글임을 언어의 석학들이 상찬하고 있습니다. 현재 세계에서 가장 오래 된 금속활자로써 '직지'를 탄생시킨 우리 민족은 오늘날 정보통신의 최대 강국의 반열에 올라 있습니다.

문자의 상용화와 더불어 우리 동양에는 문방사우의 문화가 있습니다. 동방 삼국에서는 일찍이 서예(한국), 서법(중국), 서도(일본)라 칭하는 문자 예술의 정체성을 보존하면서 발전해 왔습니다.

정부 수립 이후 대한민국 국전이 제정되었습니다. 국전 장르에 서예가 포함, 30여 년 동안 서예가의 등용문으로 괄목상대할 만한 업적을 쌓아왔습니다. 이 시기에 배출된 신진기예한 작가들에 의해서 우리 한국 서예가 높은 수준으로 발전해 왔습니다.

필자는 70년대 중반 한자 예서 작품으로 국전에 입문했습니다. 그러나 우리 글, 우리 글꼴에 매료되면서 한글 궁체에 매진, 국전을 거쳐 대한민국 미술대전을 통과하면서 국립현대미술관 초대작가로 활동했습니다.

그동안 배우고 익히기를, 한글은 一中 金忠顯 선생의 교본을 스승 삼고 필자의 감성을 담아 각고면려하면서 한편으로는 한글 고체와 서간체의 창출에 열정을

쏟았습니다. 특히 한글 고체는 한(漢)대의 예서를 두루 섭렵하면서 전서와 예서의 부드러운 원필에 끌렸습니다. 훗날 접하게 된 호태왕비의 중후하고 강건한 질감과 정형에서 우리 글 맵시의 근원을 찾고자 상당 기간을 집중해 왔습니다. 서간체는 가로쓰기에 맞춰 궁체의 반흘림에 본을 두고, 옛 간찰체의 서풍을 담아 자유분방한 여유를 드러내고자 했습니다.

글씨란 그 사람의 인성과도 유관하여 천성이 배지 않을 수 없는 듯합니다. 사람마다 개성이 있고 감성의 차별이 있기에 교본과는 다른 차원에서 새로움이 창출되리라 여길 수 있습니다.

한글 서예의 토대를 쌓고 길을 트고 열어나간 기라성같은 선배가 있음에도 불구하고 감히 부족한 글씨로 겨레글 2,350자를 세상에 내놓음은 심히 부끄러운 일입니다. 그러나 서예 인생 반세기를 살아온 과거를 더듬어 성찰함과 동시에 후학에게 작은 도움이라도 되고 싶은 소망 때문에 이 졸고를 상제하게 되었습니다. 널리 혜량하여 주시기를 바라는 한편, 보고 익히는 많은 후학들이 청출어람을 이뤄 주시기 바라면서 '책 내는 변명' 으로 삼고자 합니다.

이 책이 나오기까지 서제의 문장을 주신 홍강리 시인, 편집에 온 정성 쏟아 주신 원일재 실장, 흔쾌히 출판을 허락해 주신 이홍연 이화문화출판사 회장님께 감사드립니다.

2019. 5. 5

잠토정사에서 운곡 김 동 연

일러두기 I

○ 제시해 놓은 점, 획, 글자와 문장에 이르기까지 모두 본문글자 2350자 내에서 따 온 것임을 밝힌다.

○ 궁체의 정자 흘림은 한자의 해서나 행서와 같아서 반드시 정자를 익히고 흘림과 서간체를 익힘이 좋겠다.

○ 상용 우리 글자를 다 수록하여 낱글자의 결구를 구궁선격에 맞춰 이해 할 수 있도록 하였다.

○ 전체 흐름의 통일성을 주기 위해 단 시간에 썼음을 일러둔다.

○ 중봉에 필선을 표현하여 필획의 운필법에 이해를 돕고자 했다.

○ 특히 고체는 훈민정음의 기본 획에 기초를 두고 선의 변화를 추구했다.

○ 고체는 기본 획과 선을 정형에 맞춰 썼으나 한 획 내에서의 비백을 달리함으로써 각기 다른 질감을 갖으려 노력하였다.

○ 고체를 습득하기 위해서는 한자의 전서나 예서의 필법을 익히고 특히 호태왕비의 필법을 응용하여 육중함과 부드럽고 소박함에 필선을 중시 여김도 큰 보탬이 되리라 생각한다.

○ 투명 구궁지는 임서하는데 도움을 주기위해 제작하였으므로 법첩에 올려놓고 구궁지에 도형을 그리듯이 충분한 활용을 권장한다.

○ 본서의 원본은 가로 9cm 세로 9cm크기의 글자를 47% 축소시켜 수록함을 참고 바란다.

○ 원작을 쓴 붓의 크기를 참고로 수록하였다.

○ 쓰고자하는 문장을 2350자 원문에서 집자하여 자간과 줄 간격을 적절히 배열하면 독학자라도 누구나 쉽게 좋은 작품을 쓸 수 있습니다.

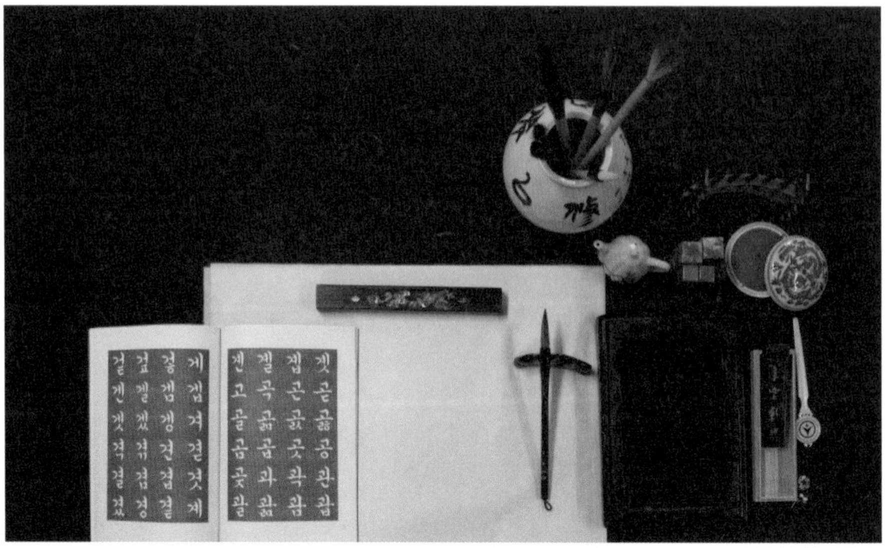

■ **문방사우 등** : 붓, 먹 , 벼루, 종이, 인장, 인주, 문진, 붓통, 필상, 지칼, 법첩

■본서의 사용 붓
－호재질 : 양털
－필관굵기 : 지름 1.5cm
－호길이 : 5.5cm

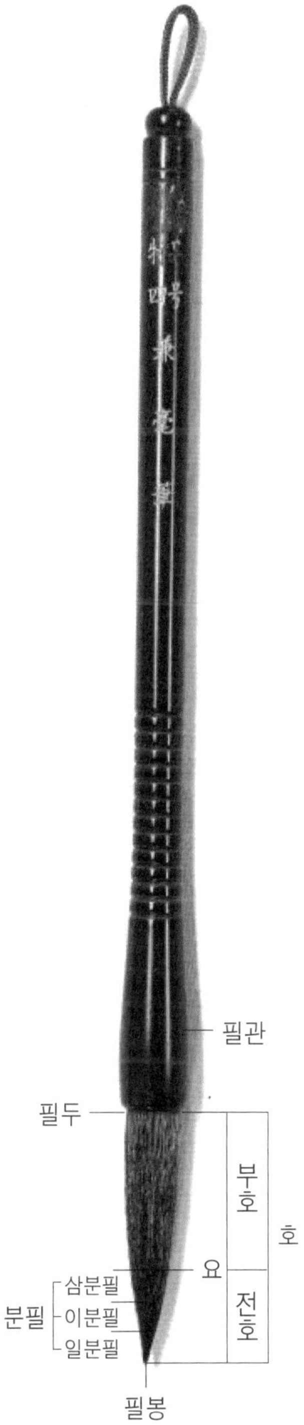

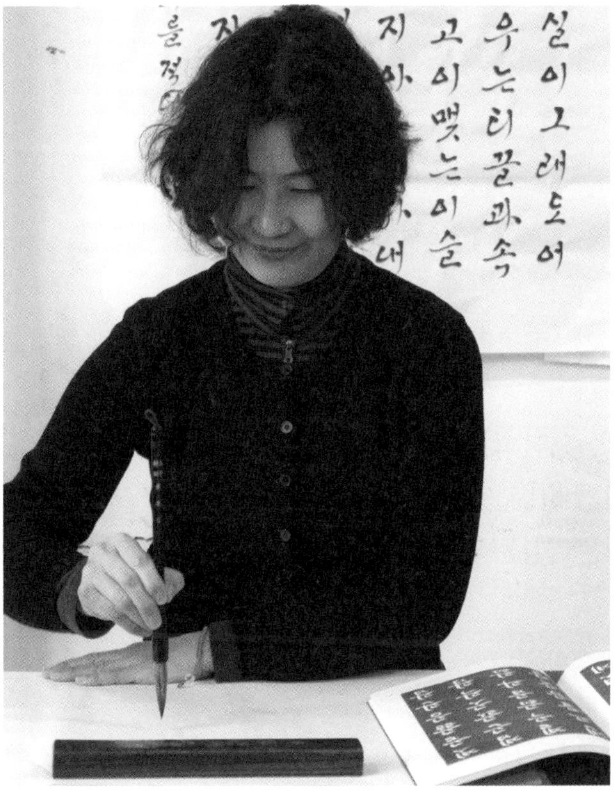

■기본자세

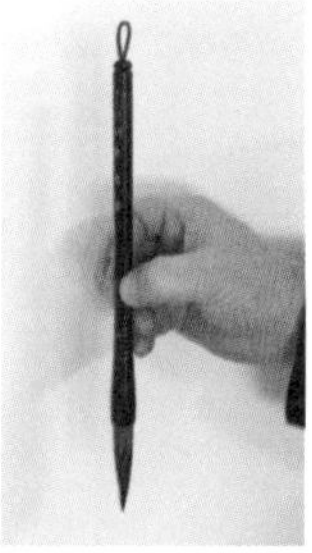

■쌍구법
모지와 식지 및
중지로 필관을 잡는다.

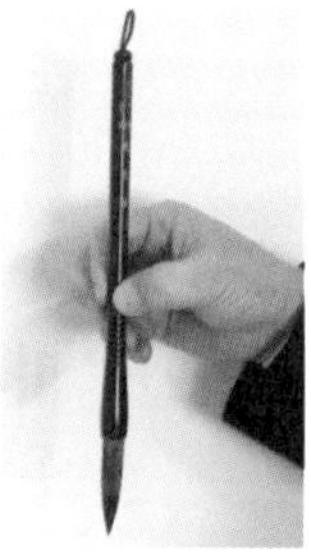

■단구법
모지와 식지로만
필관을 잡는다.

「집필」
○ 필관을 잡는 위치는 글자의 크기와 서체에 따라 각기 편리하게 잡는다.
상단(큰 글씨, 흘림) 하단(작은 글씨, 정자)
○ 집필은 오지제착 하고 제력 하여 엄지를 꺾어 손가락을 모아 용안, 호구가 되도록 손끝에 힘을 주어(指實) 잡고 시선은 붓 끝을 주시한다.

「완법」
○ 운완에는 침완, 제완, 현완법으로 구분되나 소자는 침완법을 사용하나 중자나 대자를 쓸 때는 현완법으로 팔을 들어 지면과 평행이 되도록 하고 관절과 팔을 움직여 써야만 힘찬 글씨를 쓸 수 있으므로 가급적 회완법으로 습관 되길 권장한다.

「자세」
○ 법첩은 왼쪽에 놓고 왼손으로 종이를 누르고 벼루는 오른쪽에 연지가 위쪽으로 향한다.
○ 의자에 앉은 자세에서 책상과 10㎝ 거리를 두고 머리를 약간 숙여 자연스럽게 편한 자세를 계속 유지할 수 있도록 한다.
○ 두발을 모아 어느 한 발을 15㎝ 정도 앞으로 내 놓아 마치 달리기의 준비 자세와 같게 한다.
○ 붓을 다 풀어 먹물은 호 전체에 묻혀 쓰되 전(前)호 만을 사용한다.

차 례

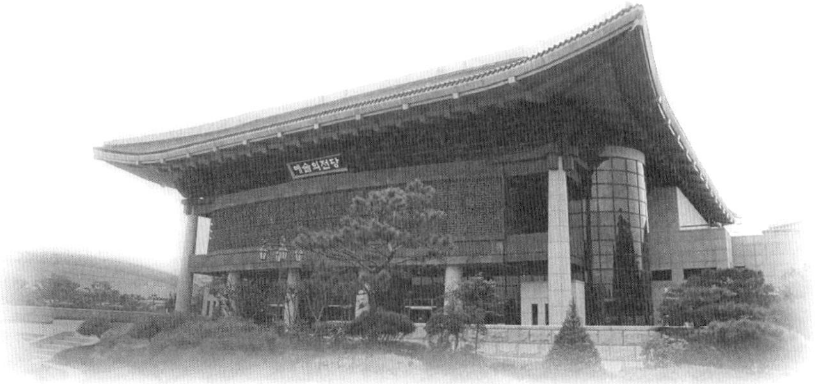

예술의전당(청주 예술의전당)

점과 선, 그리고 획까지

모든 글자는 점에서 선으로, 선에서 획으로
획과 획을 더하면 하나의 글자가 완성됩니다.
글자와 글자를 합하여 하나의 문장이 되기에
기본의 점획들은 입체적 중봉의
선에서 이뤄져야 하므로
붓을 세워 중봉의 선(만호제착)을
자유롭게 충분히 연습한 후
한 획 한 획을 완벽하게 익힙시다.
튼튼한 기초위에 아름다운 집을 짓기 위해서는
좋은 재목으로 다듬고 깎듯이….

(기본획 Ⅰ)

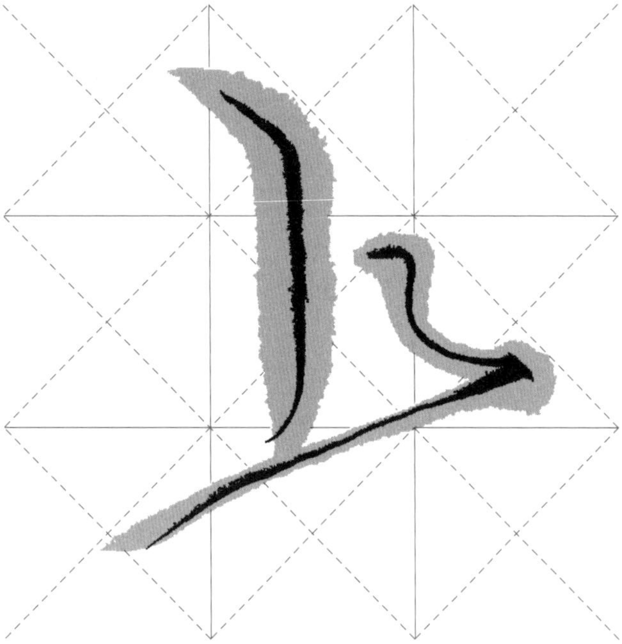

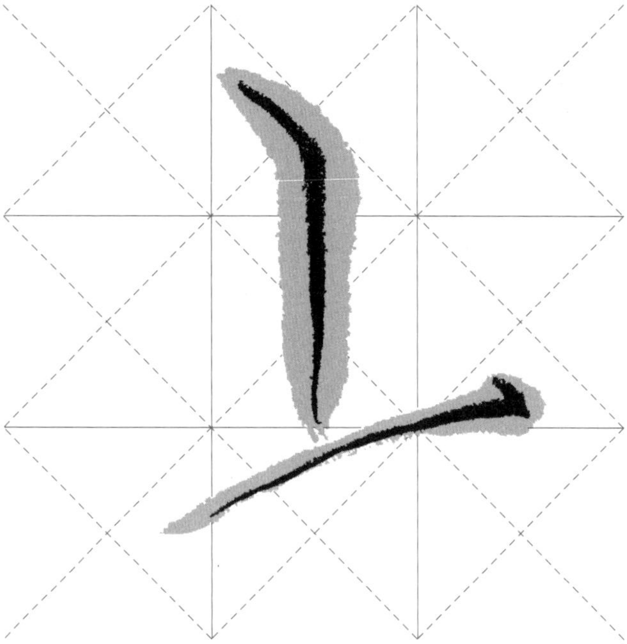

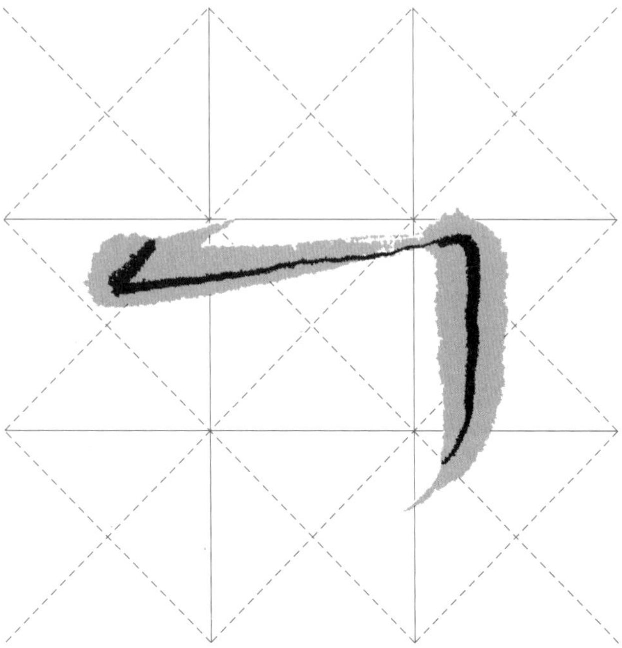

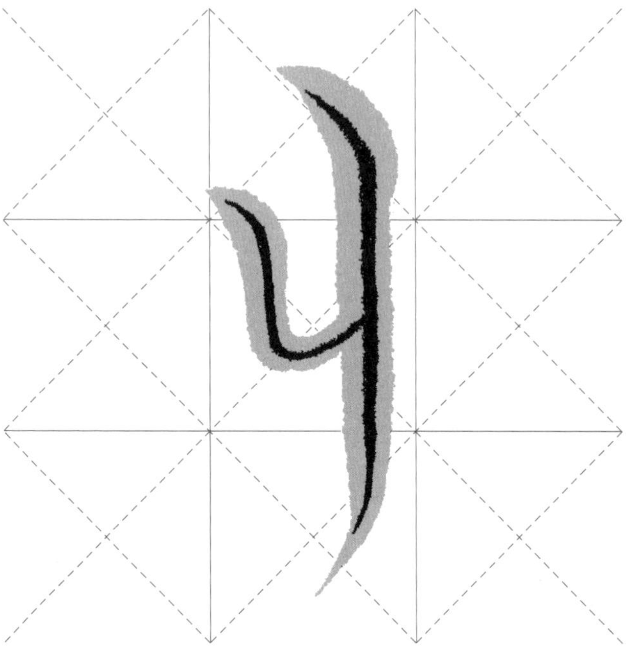

▲ 기본 획을 구궁형식에 맞춰 한 획 속에 직선과 곡선, 선과 획의 각도를 이해하고
중봉을 중심으로 좌우측 모양을 관찰할 수 있습니다.

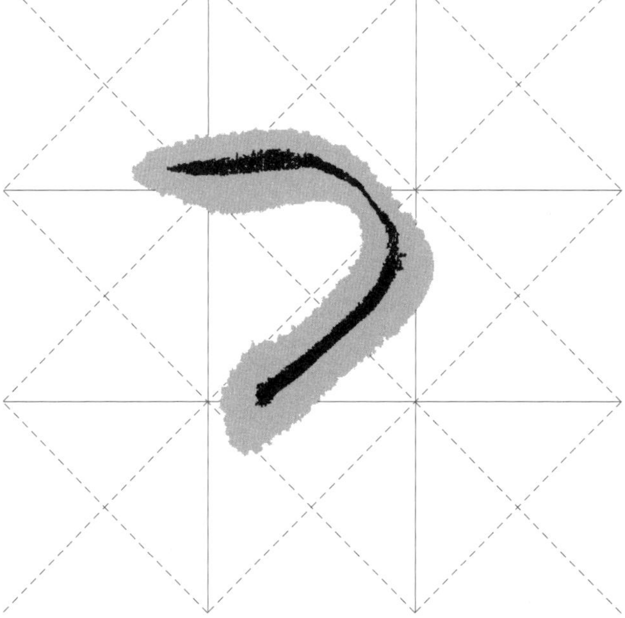

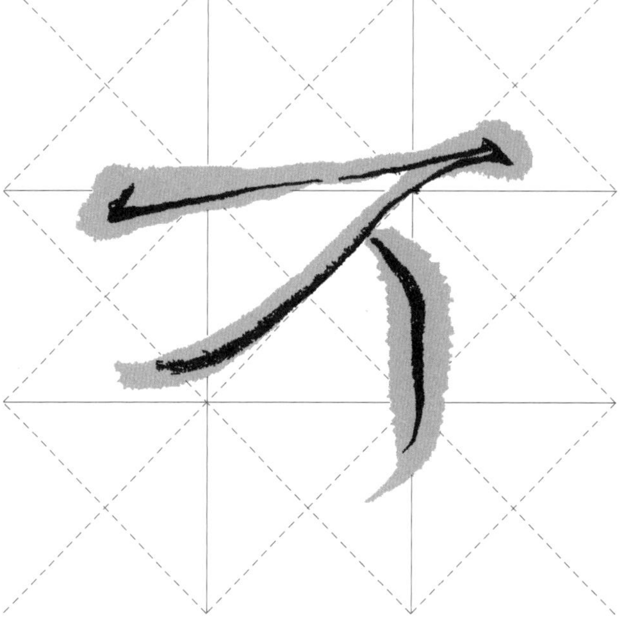

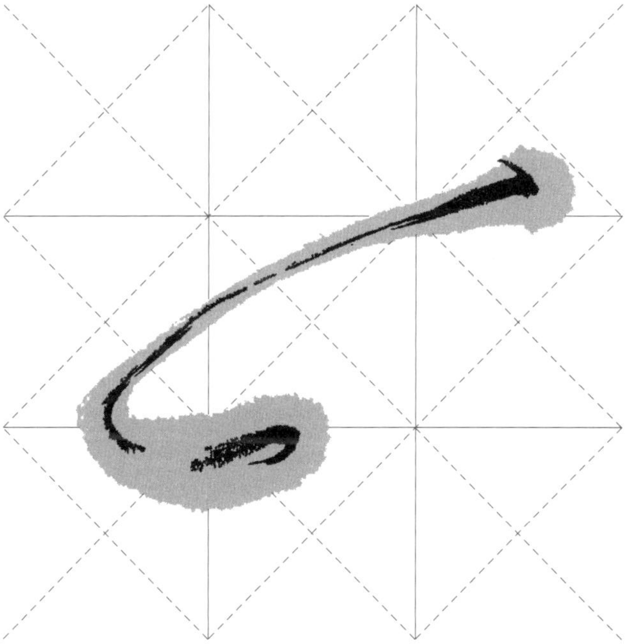

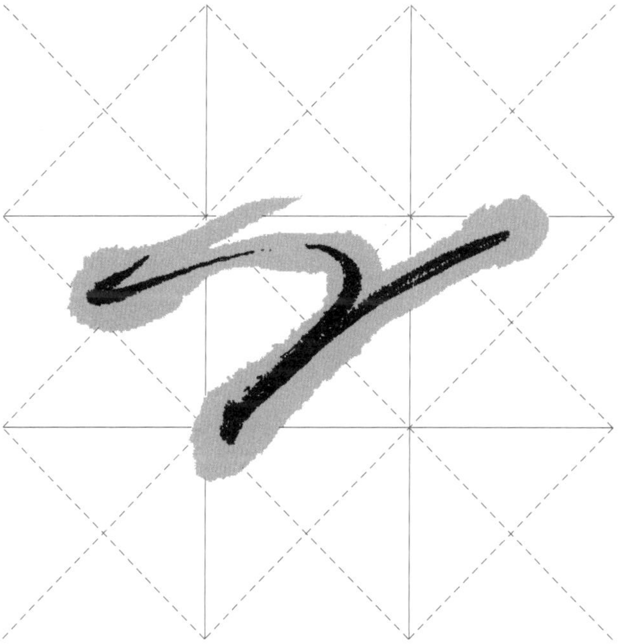

(기본획 Ⅰ)

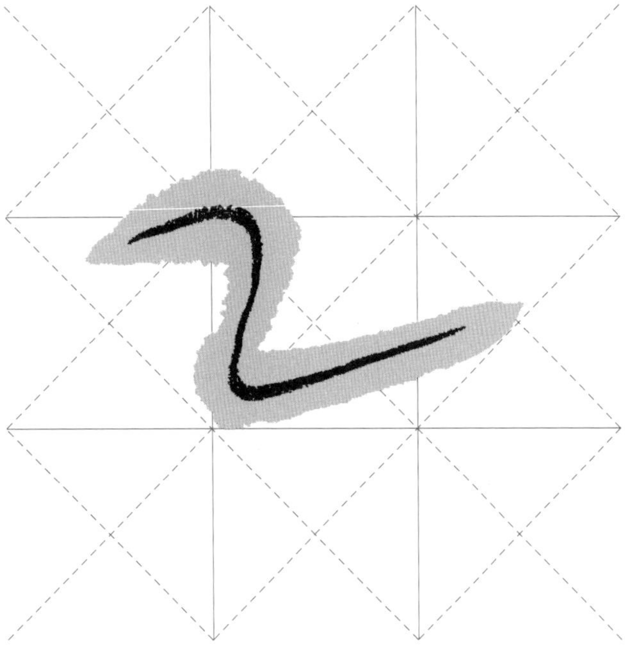

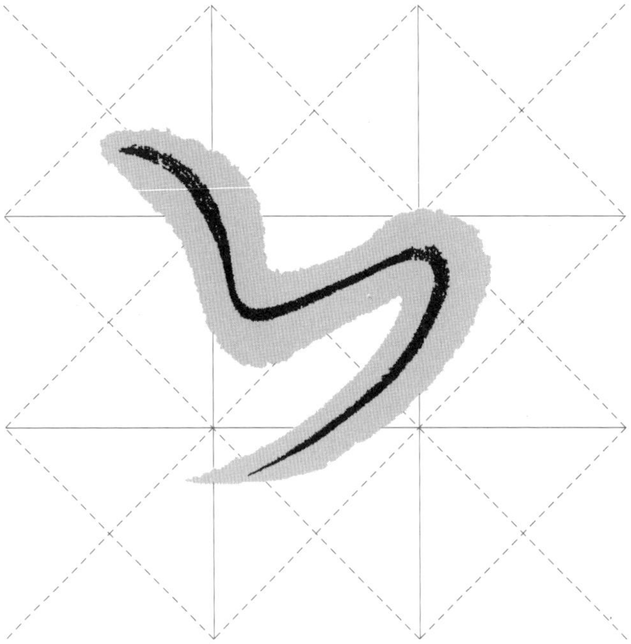

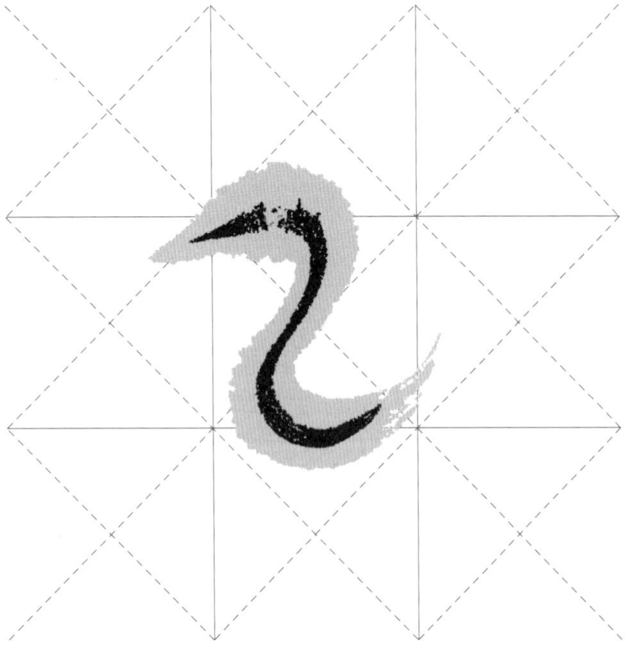

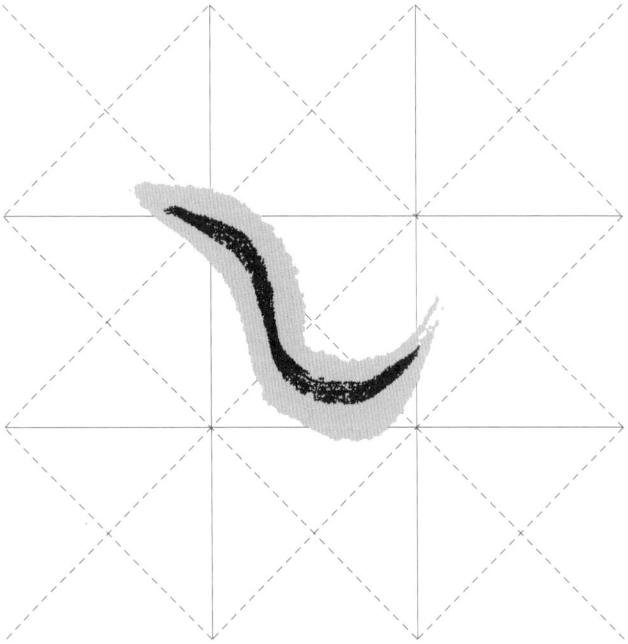

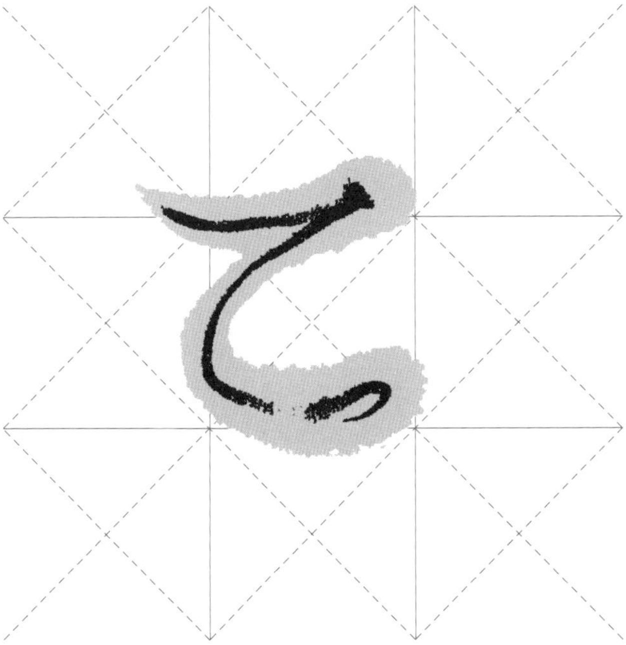

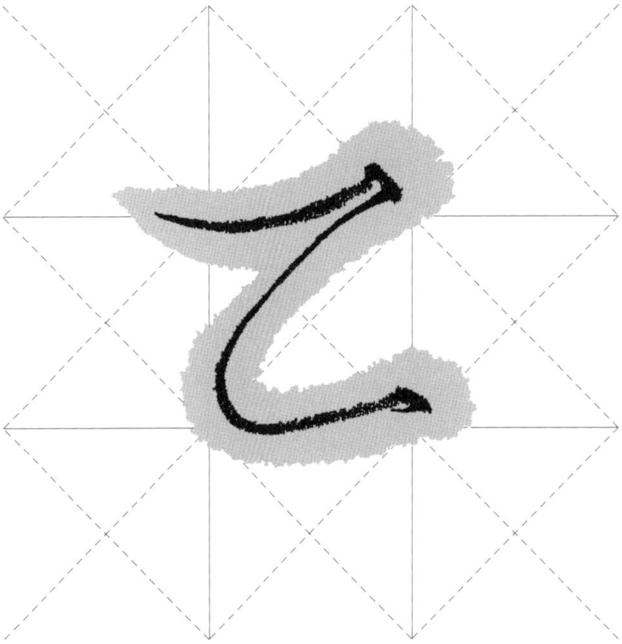

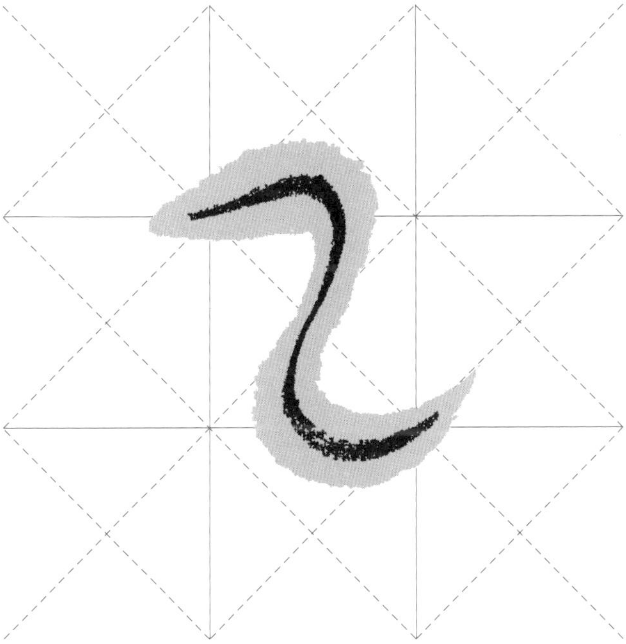

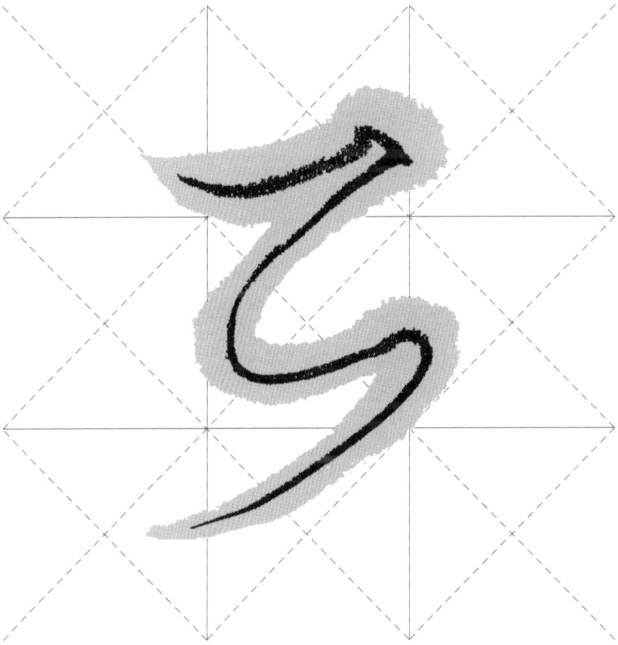

(기본획Ⅰ)

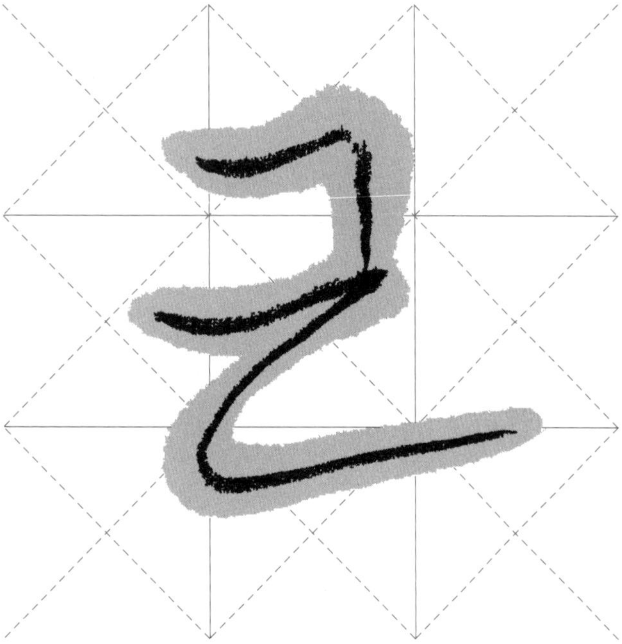

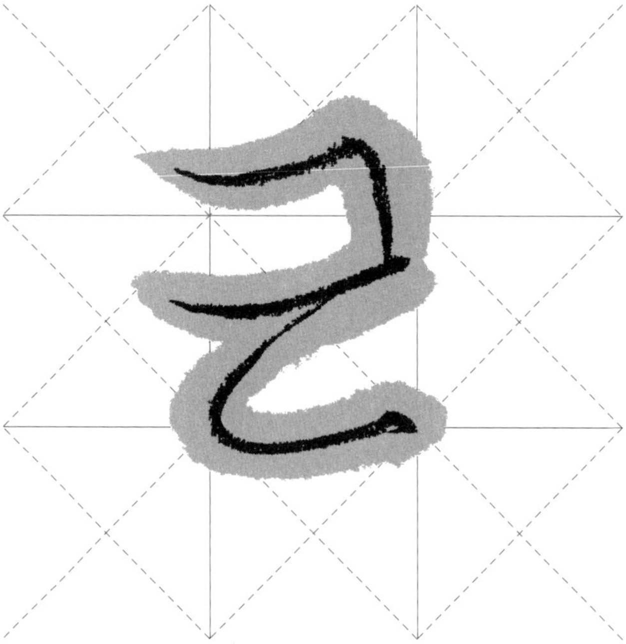

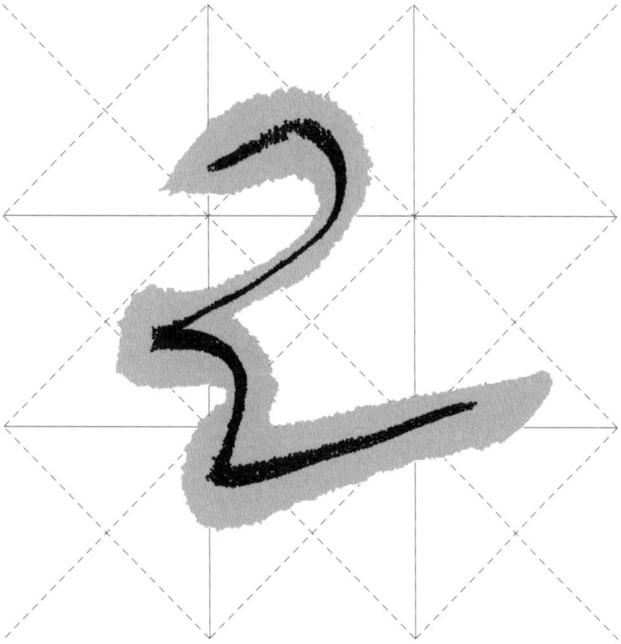

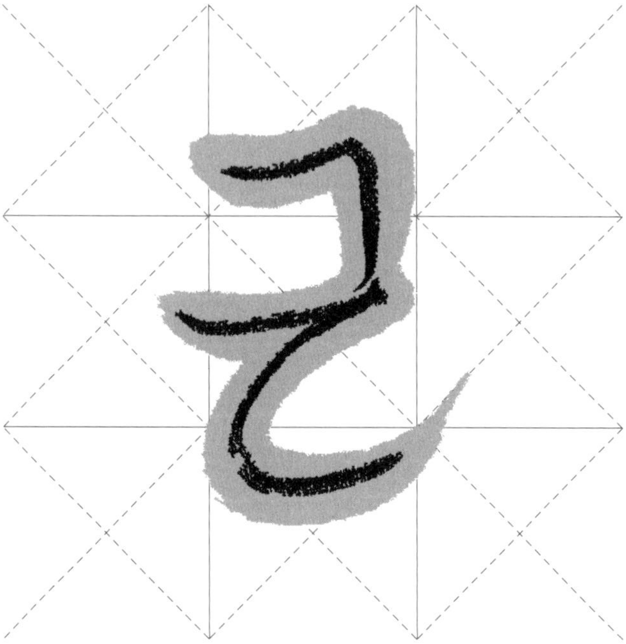

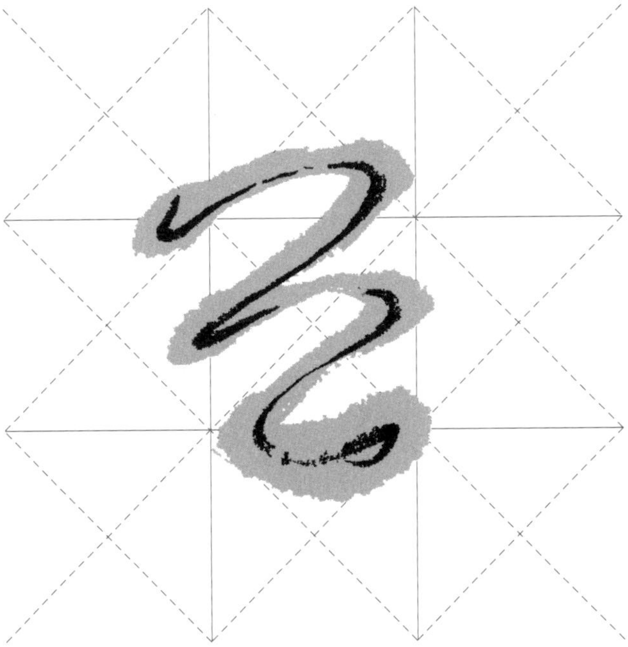

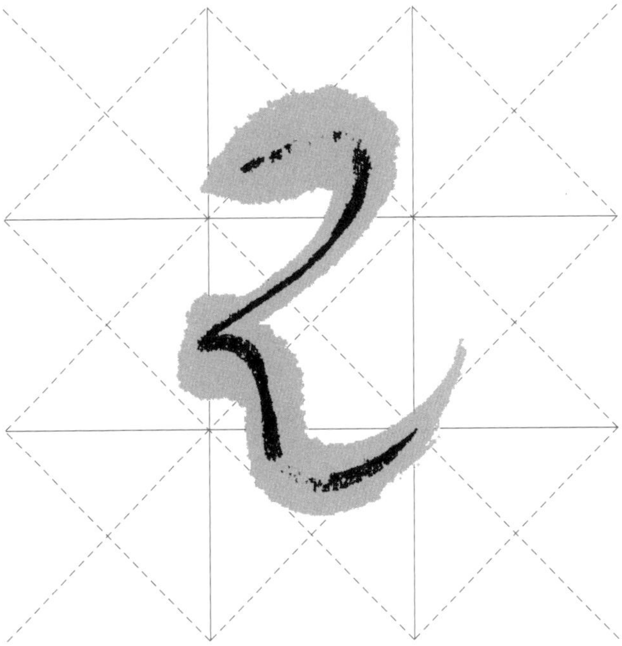

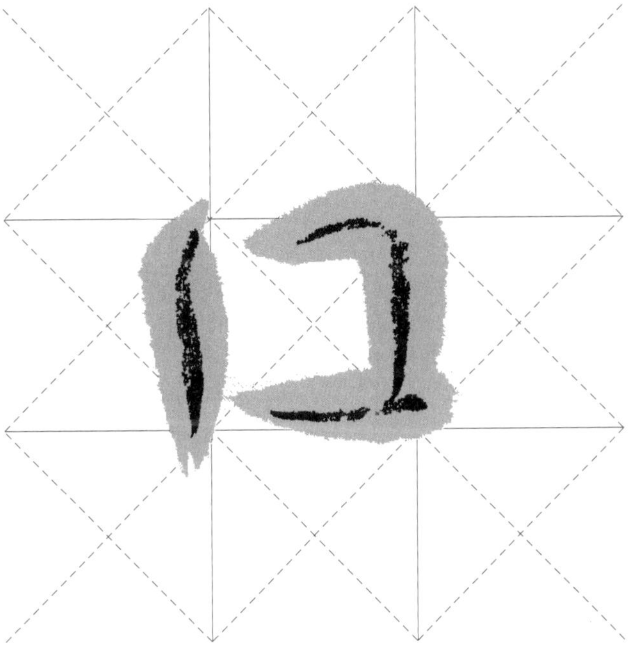

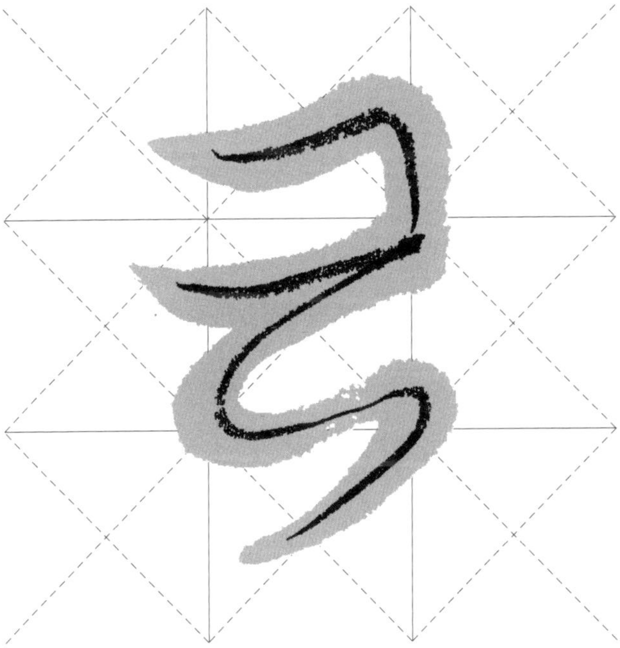

(기본획 I)

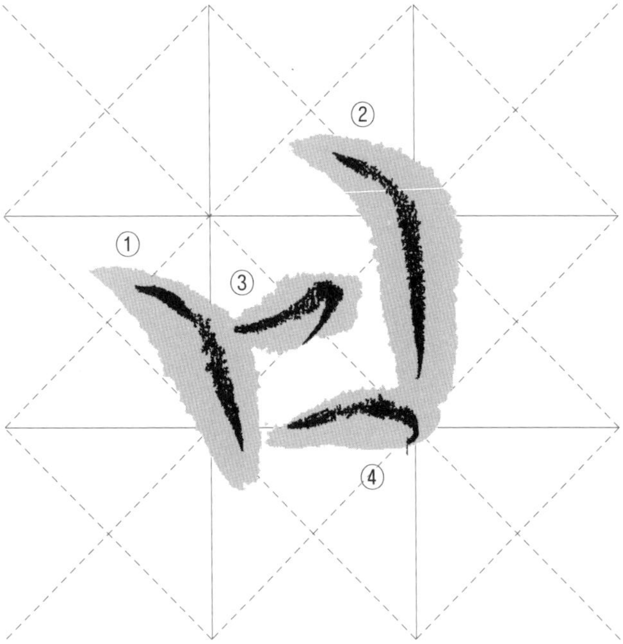

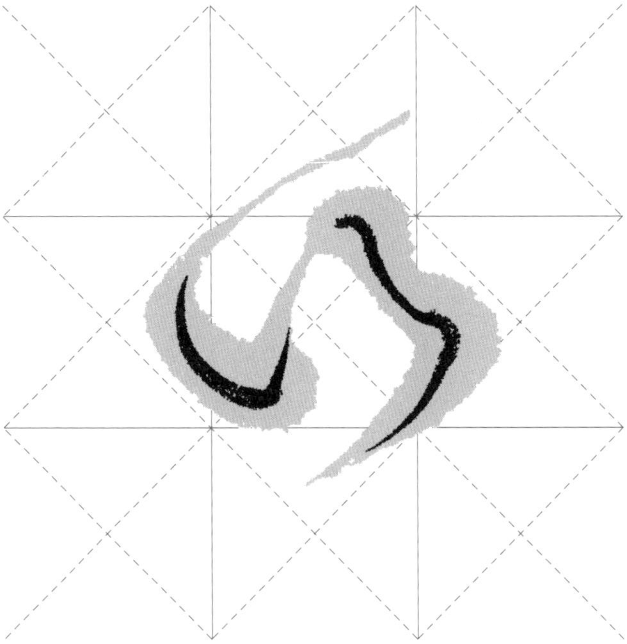

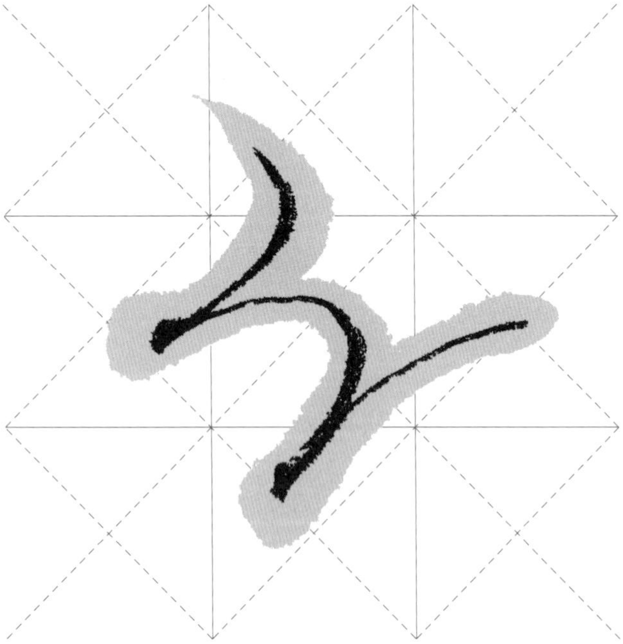

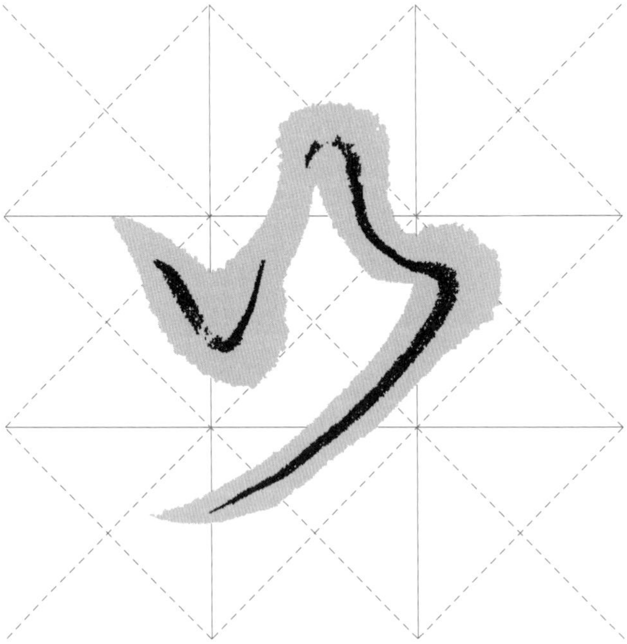

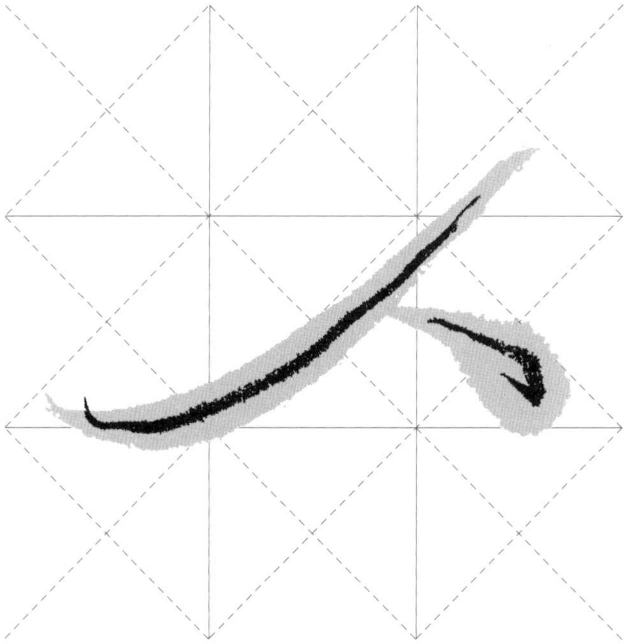

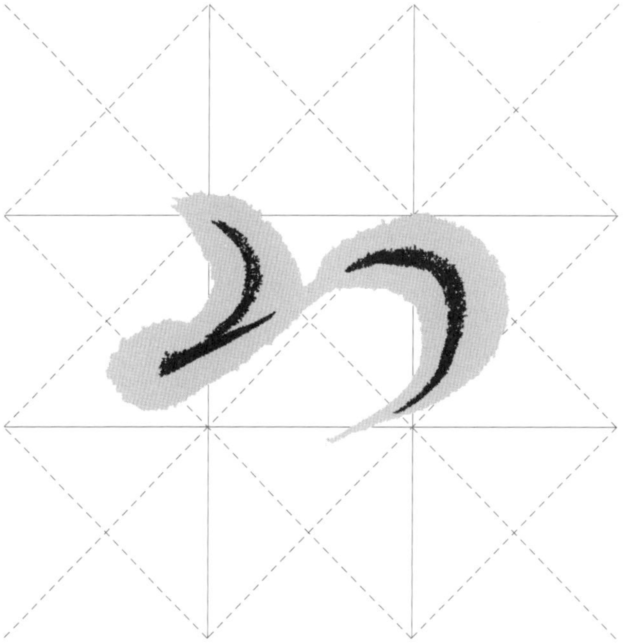

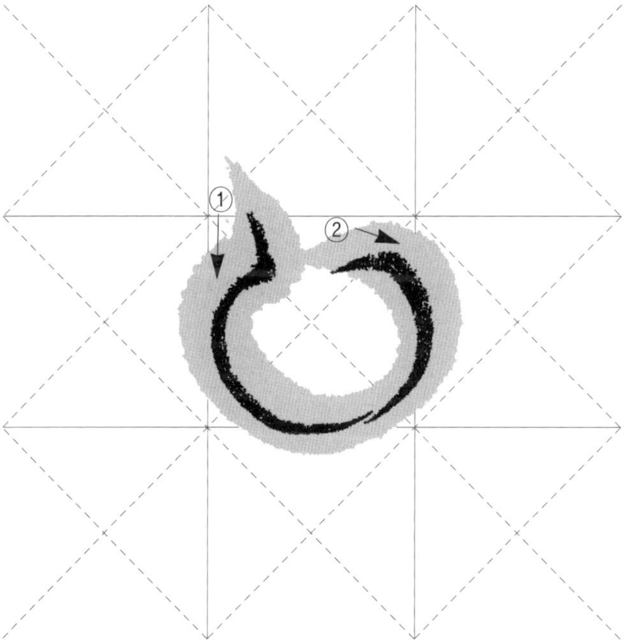
①
②

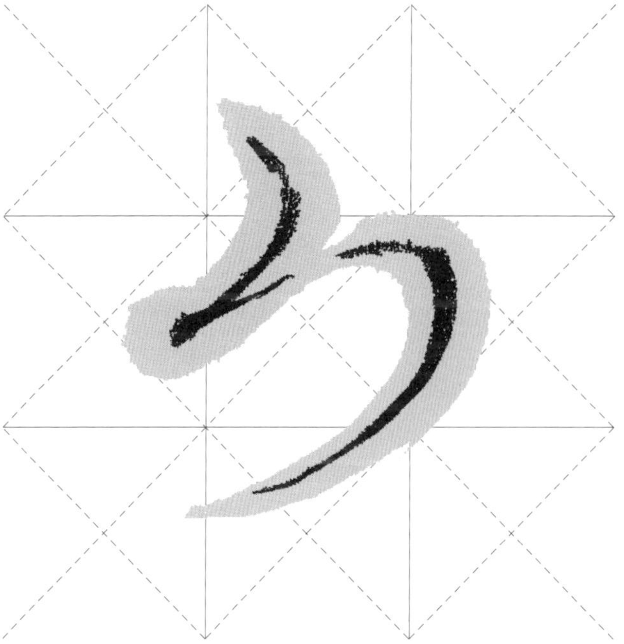

(기본획 Ⅰ)

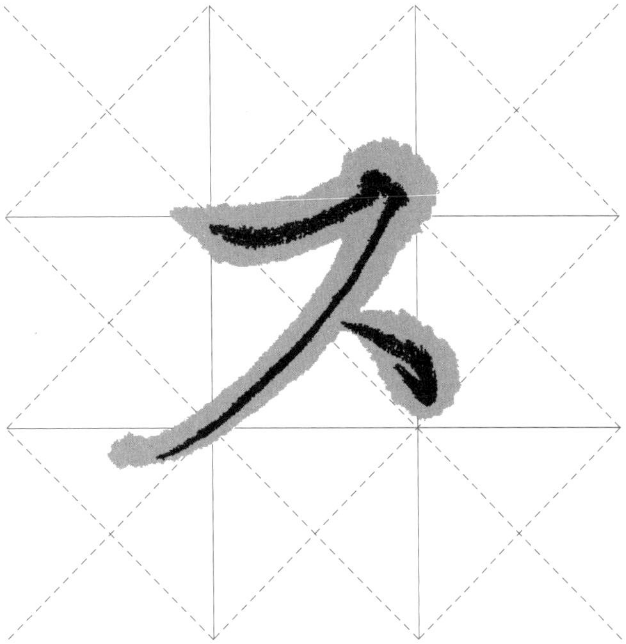

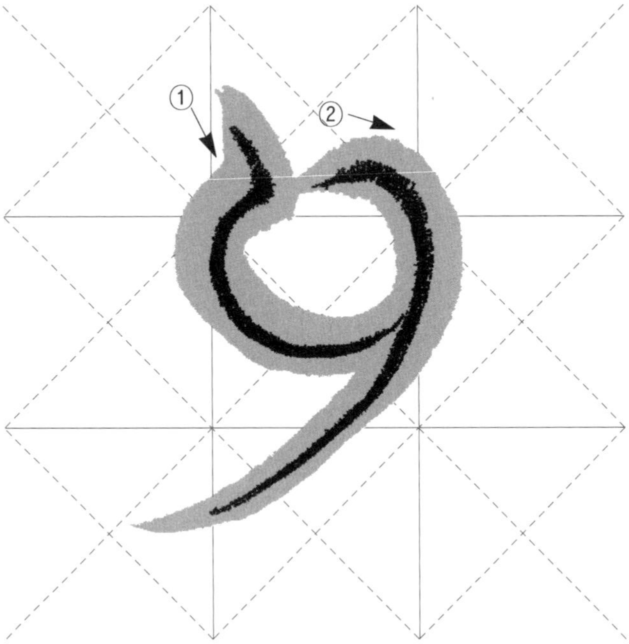

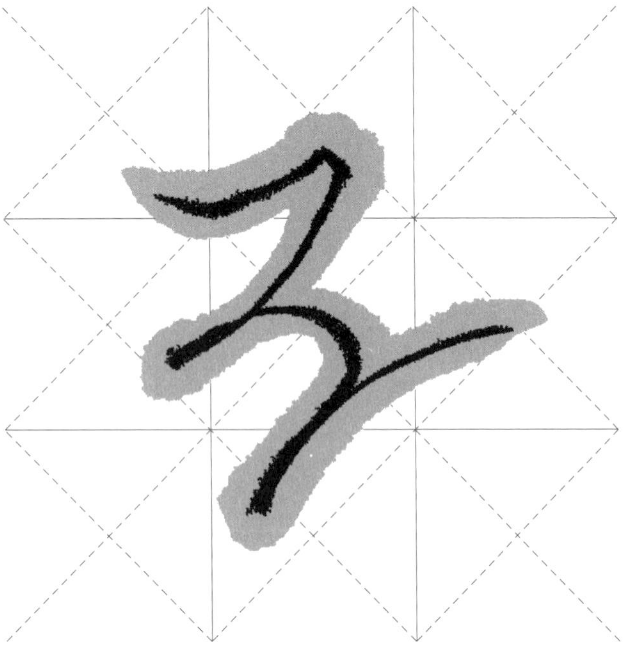

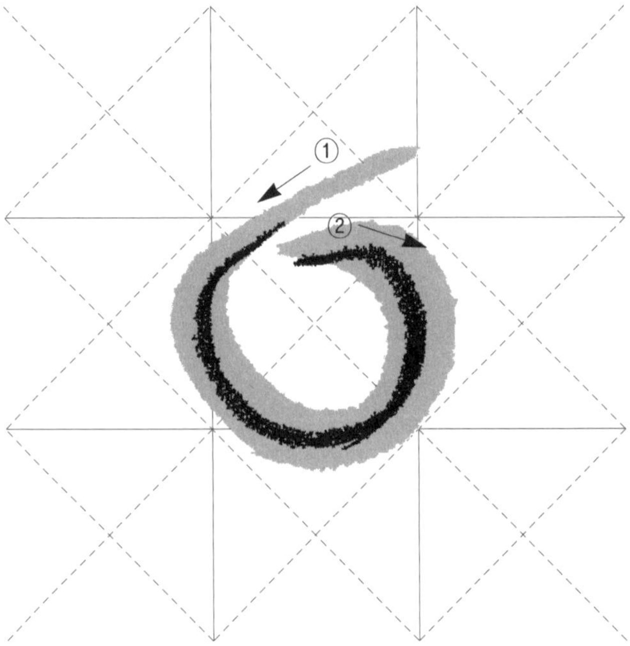

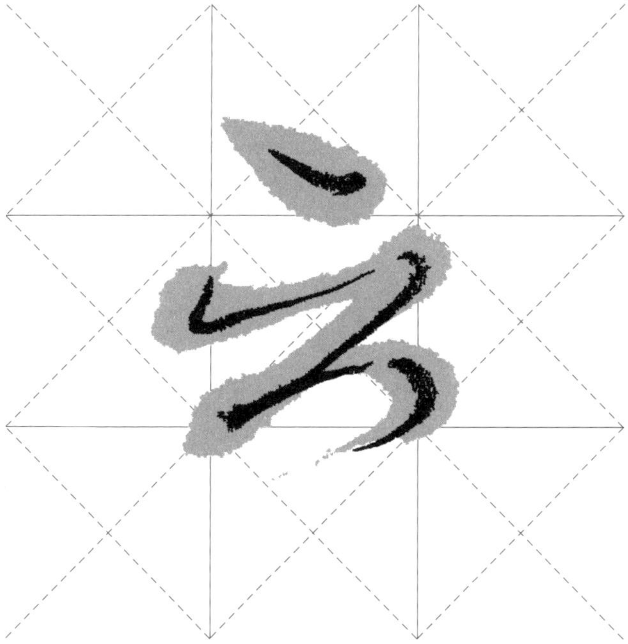

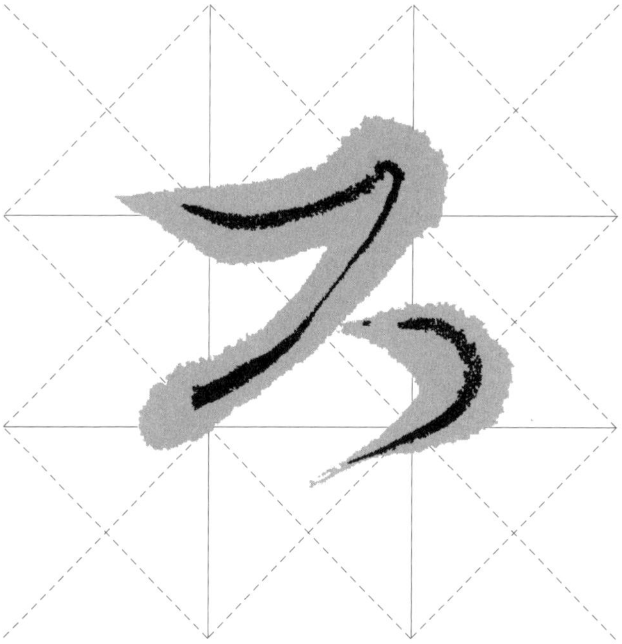

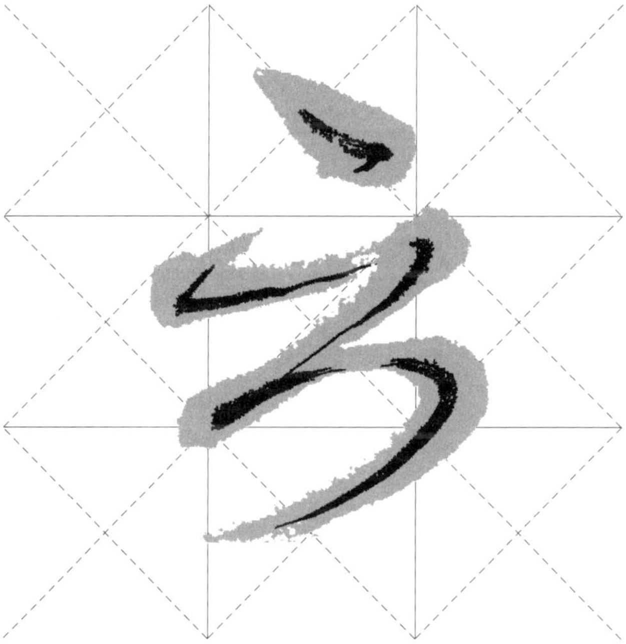

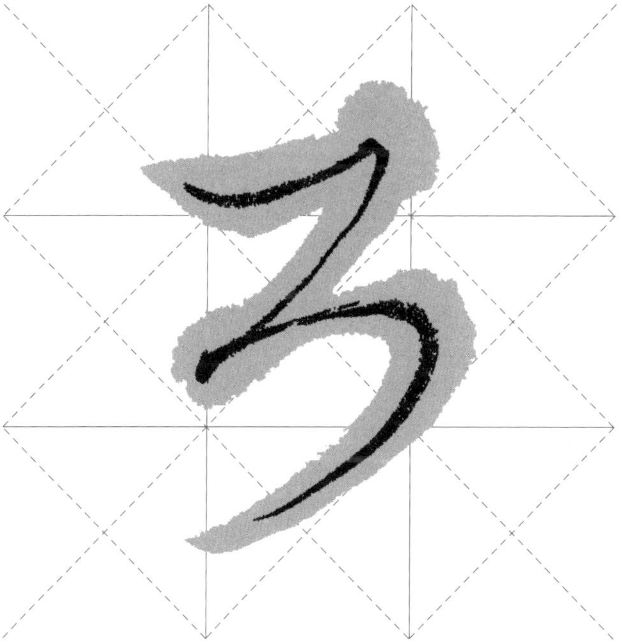

(기본획 Ⅰ)

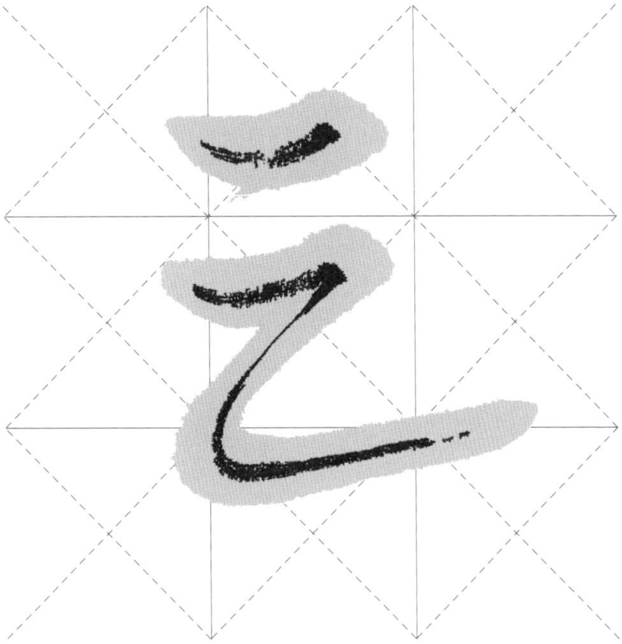

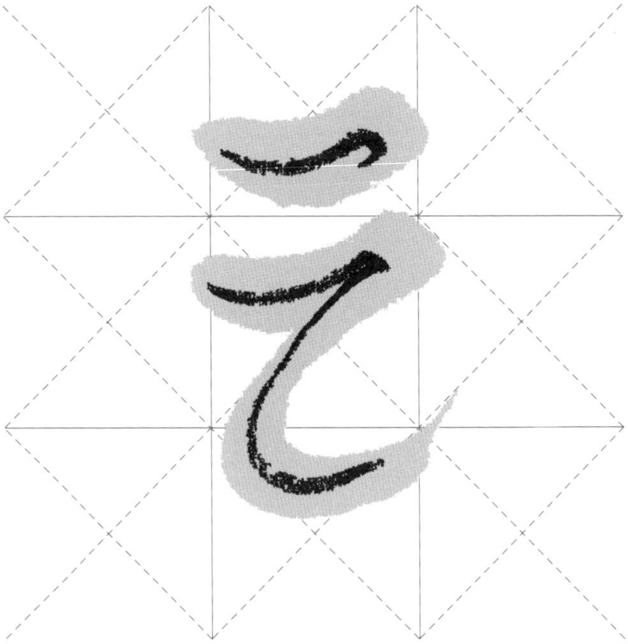

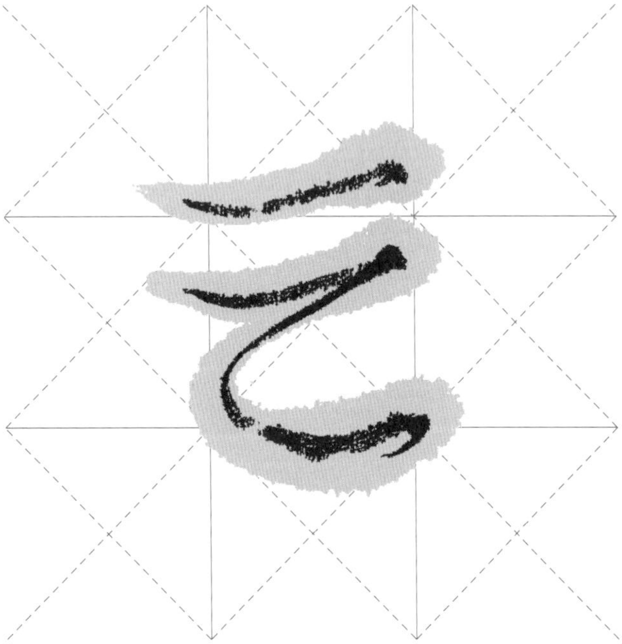

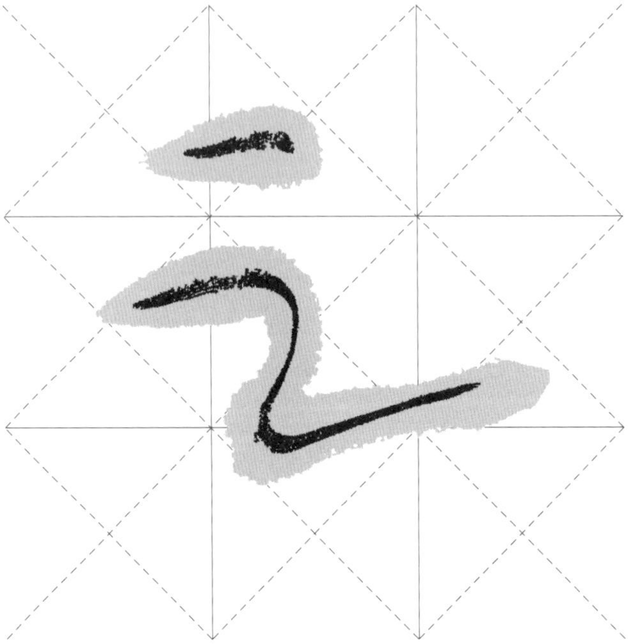

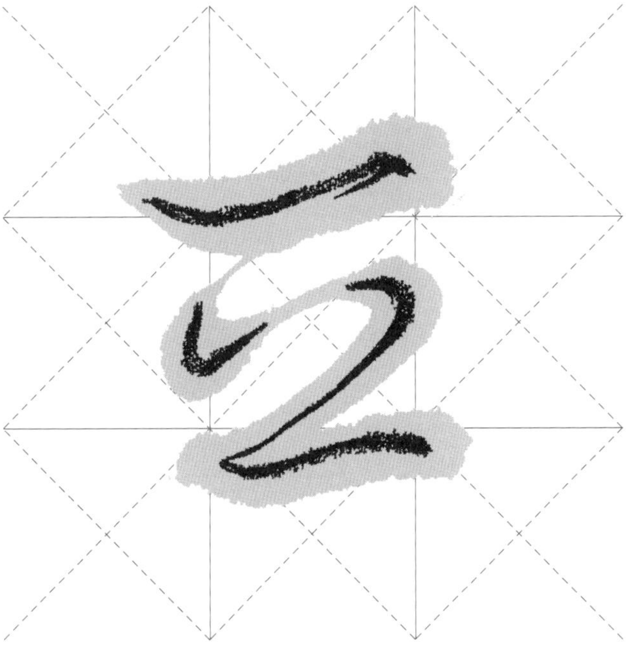

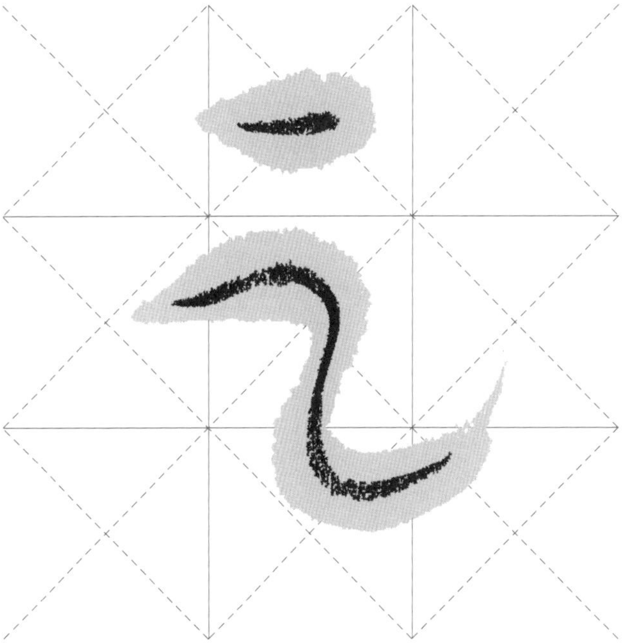

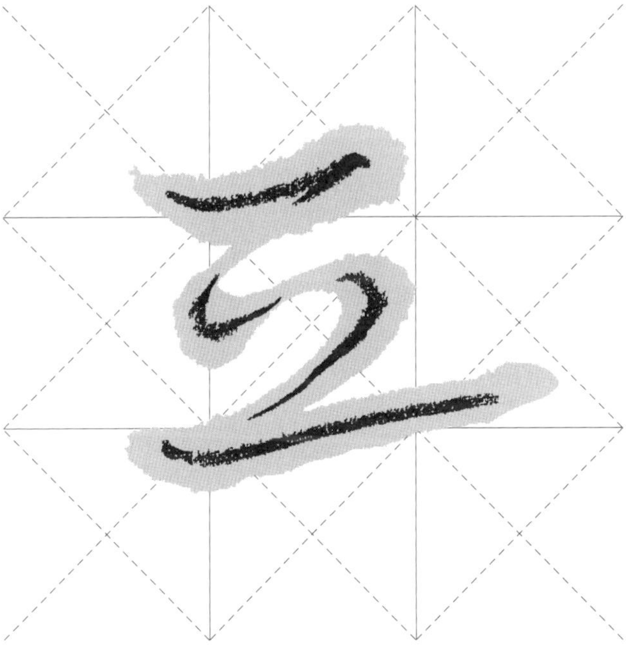

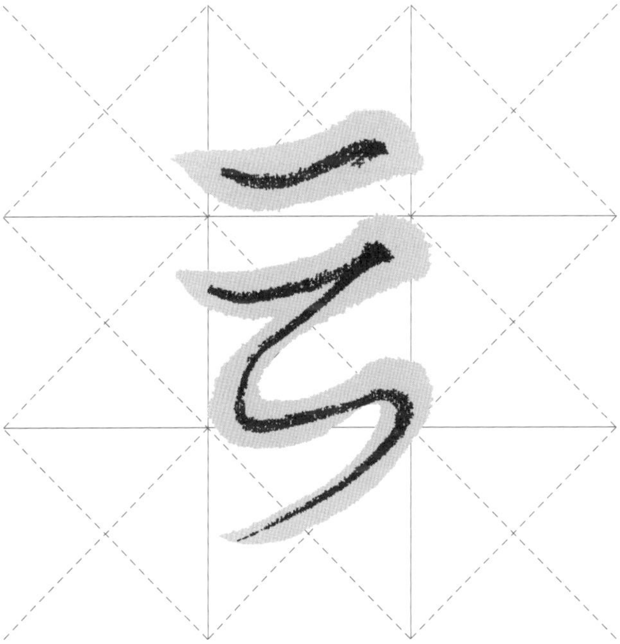

(기본획 I)

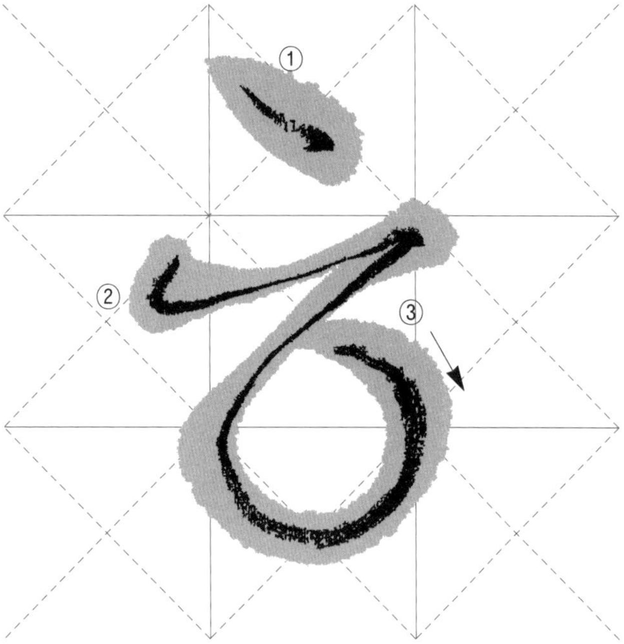

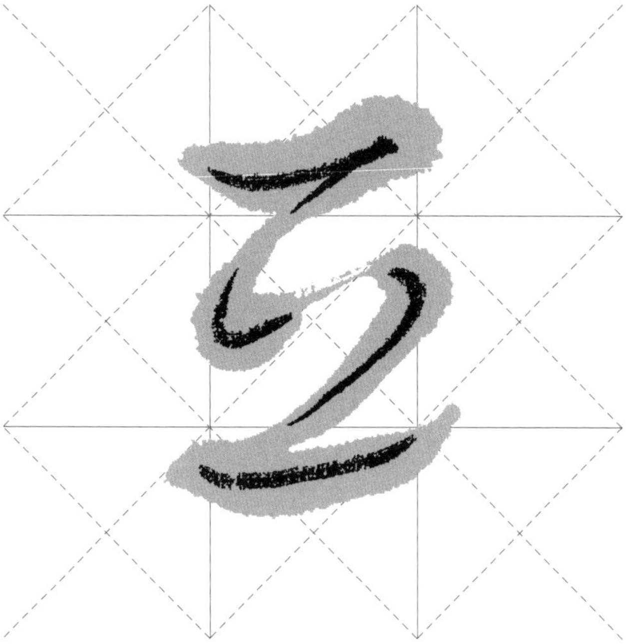

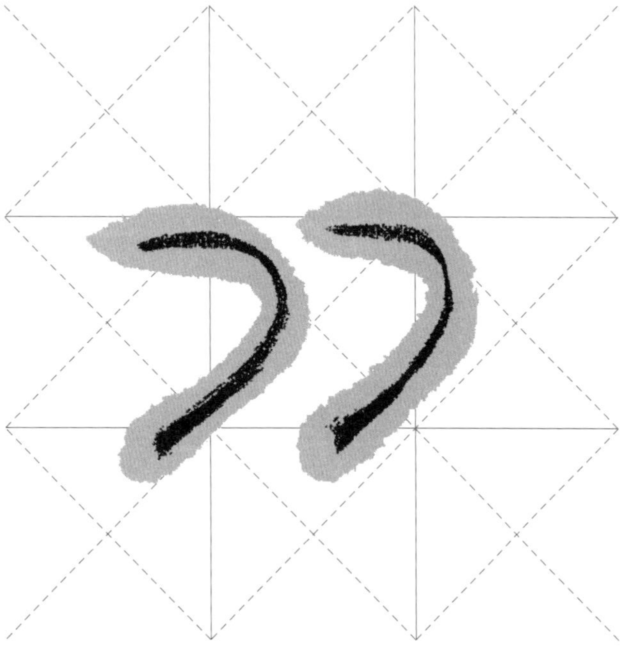

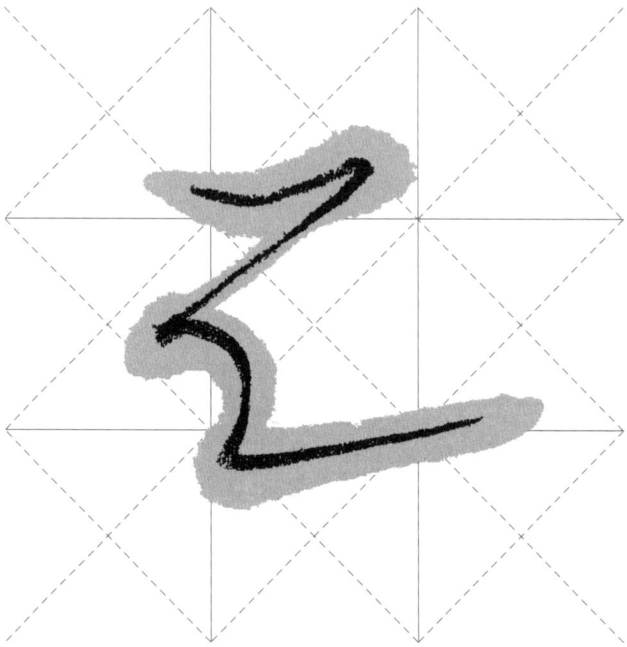

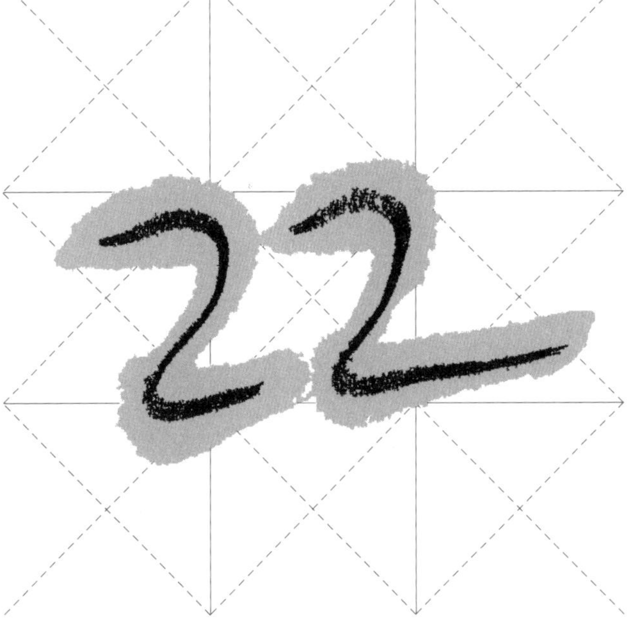

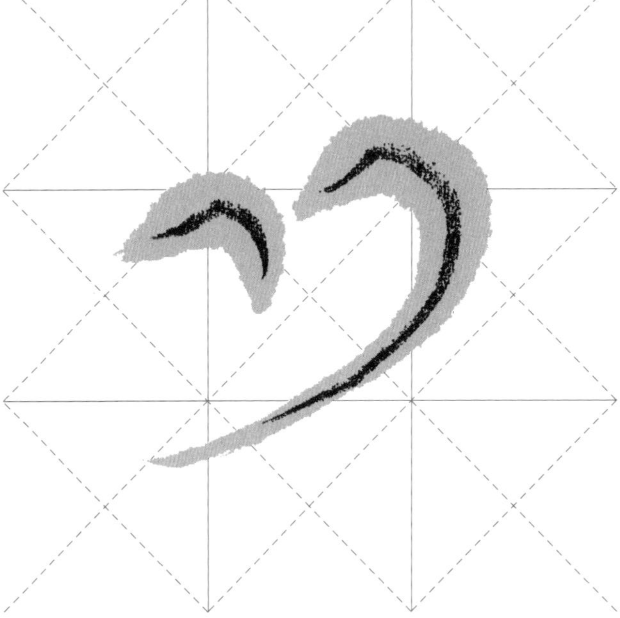

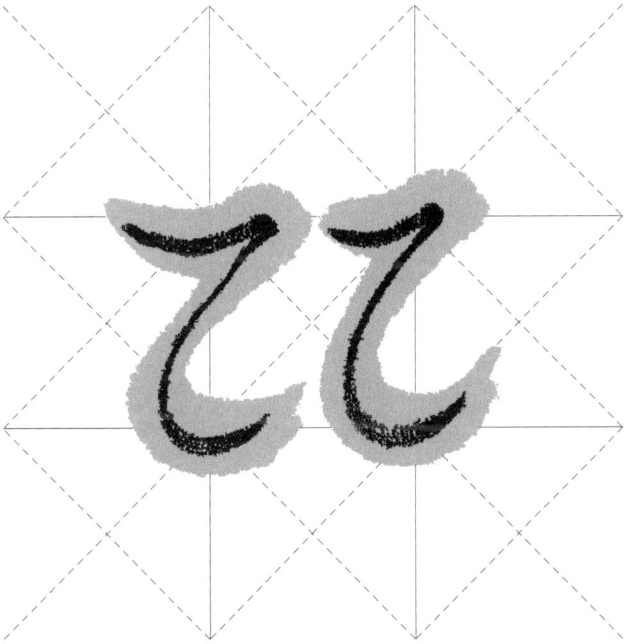

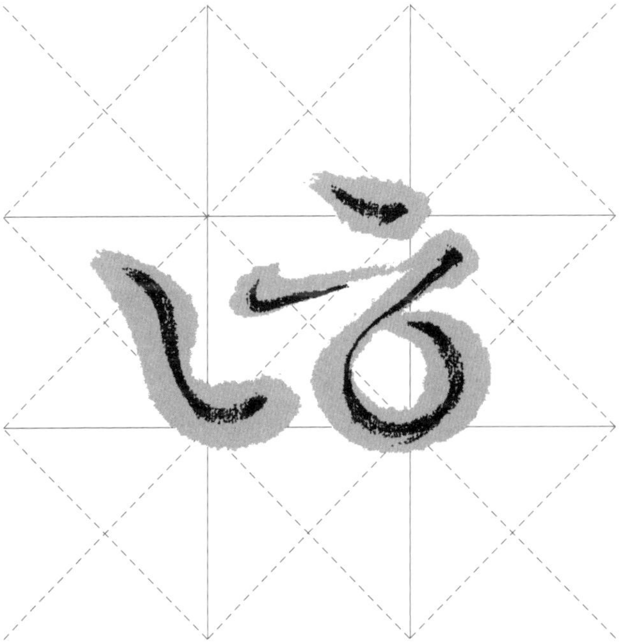

(기본획 I)

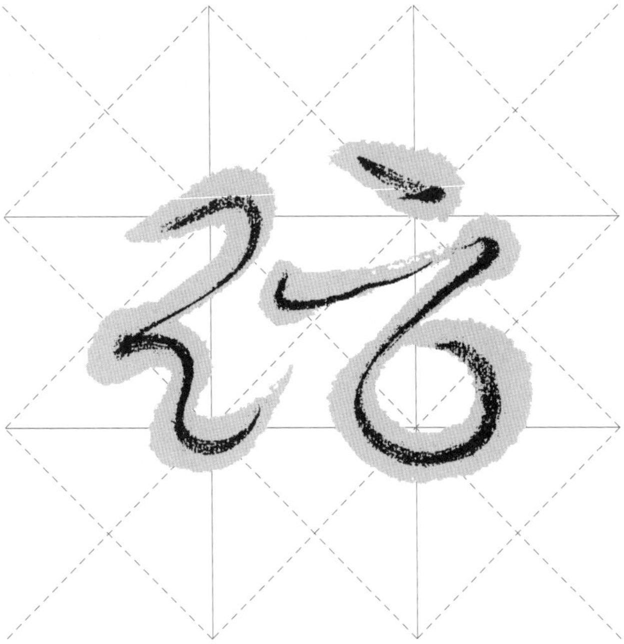

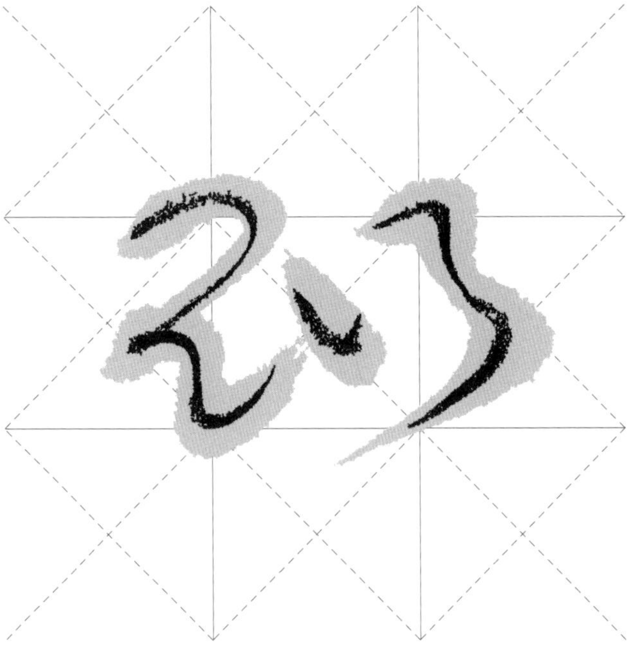

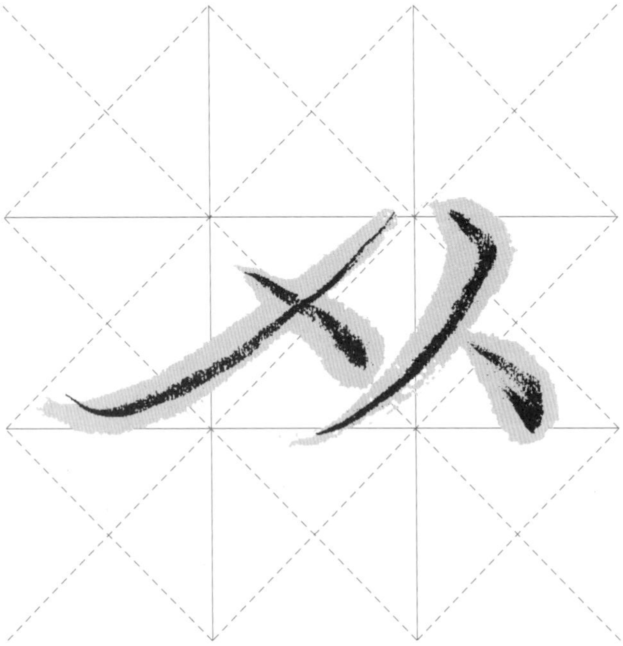

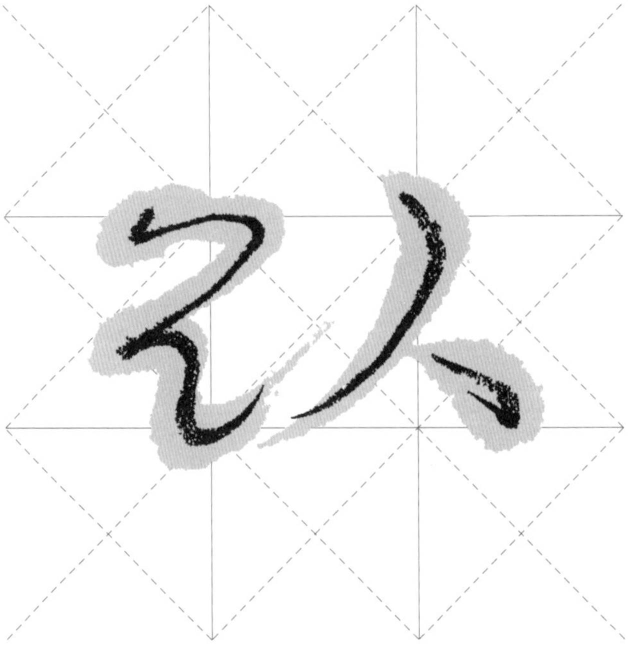

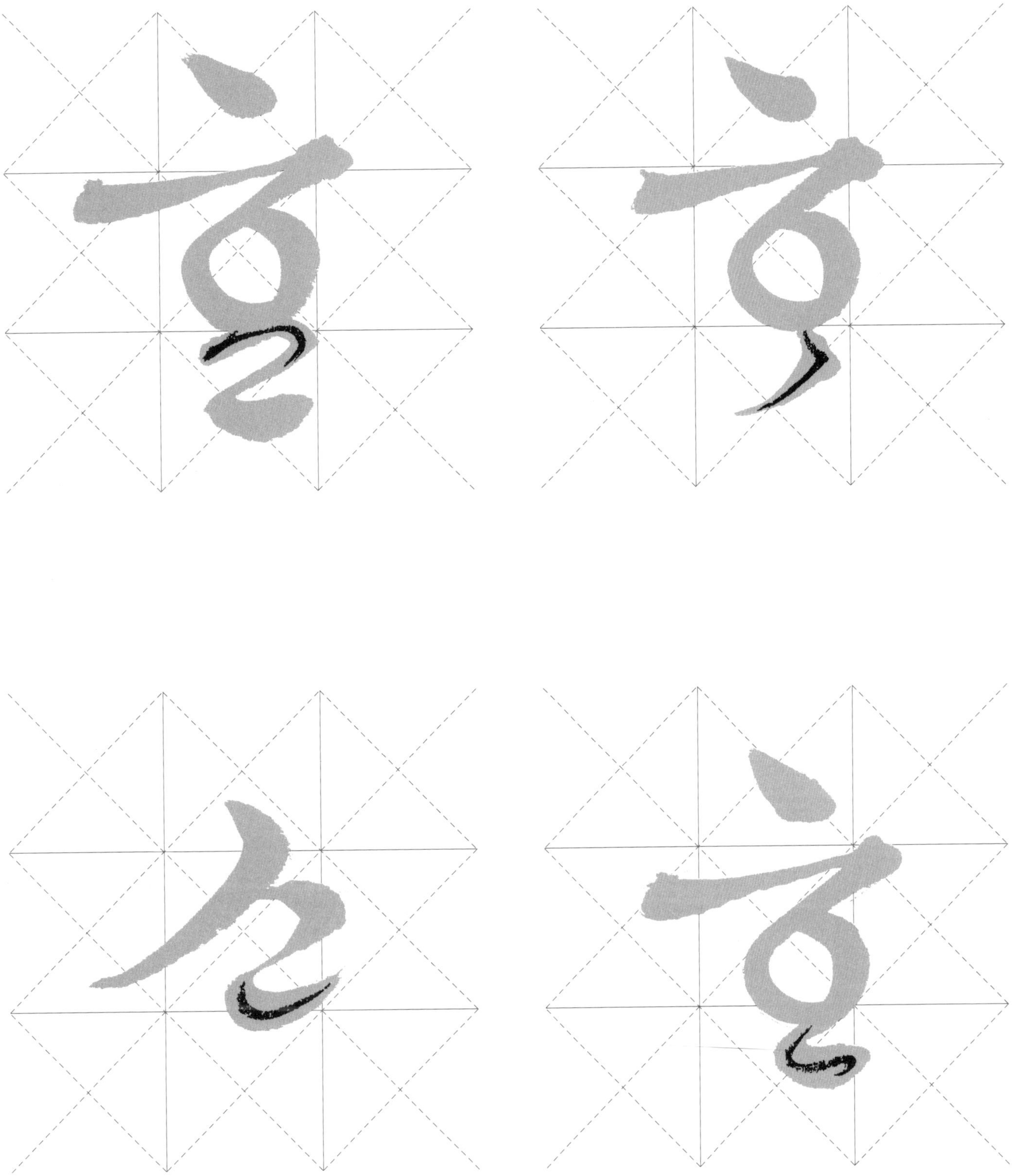

▲ 아래아('·')의 변화

(기본획Ⅱ)

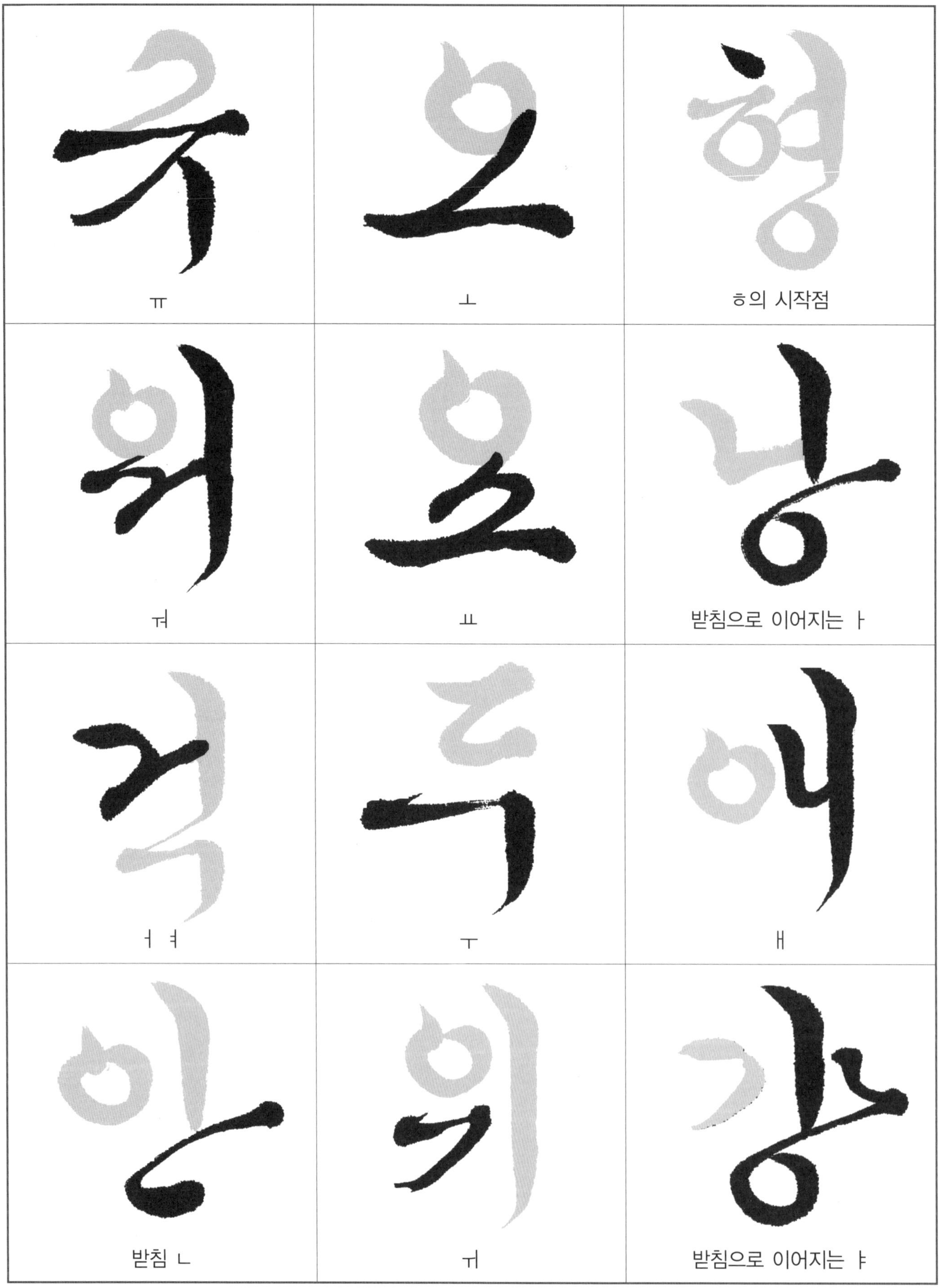

▲기본 획을 충분히 연습하고 자획의 쓰임 부분을 익힐 수 있습니다.

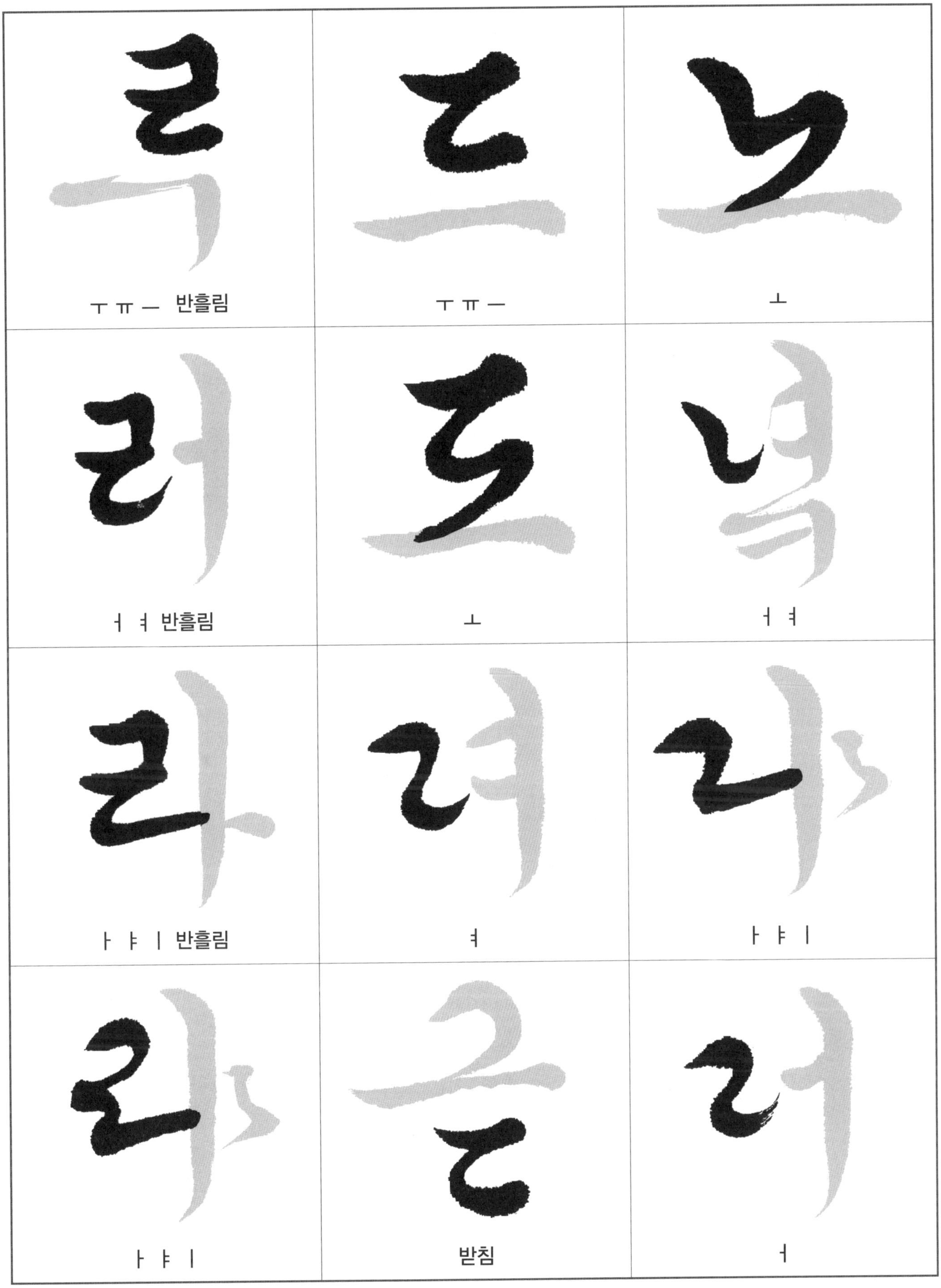
ㅜ ㅠ ㅡ 반흘림
ㅜ ㅠ ㅡ
ㅗ
ㅓ ㅕ 반흘림
ㅗ
ㅓ ㅕ
ㅏ ㅑ ㅣ 반흘림
ㅕ
ㅏ ㅑ ㅣ
ㅏ ㅑ ㅣ
받침
ㅓ

(기본획 Ⅱ)

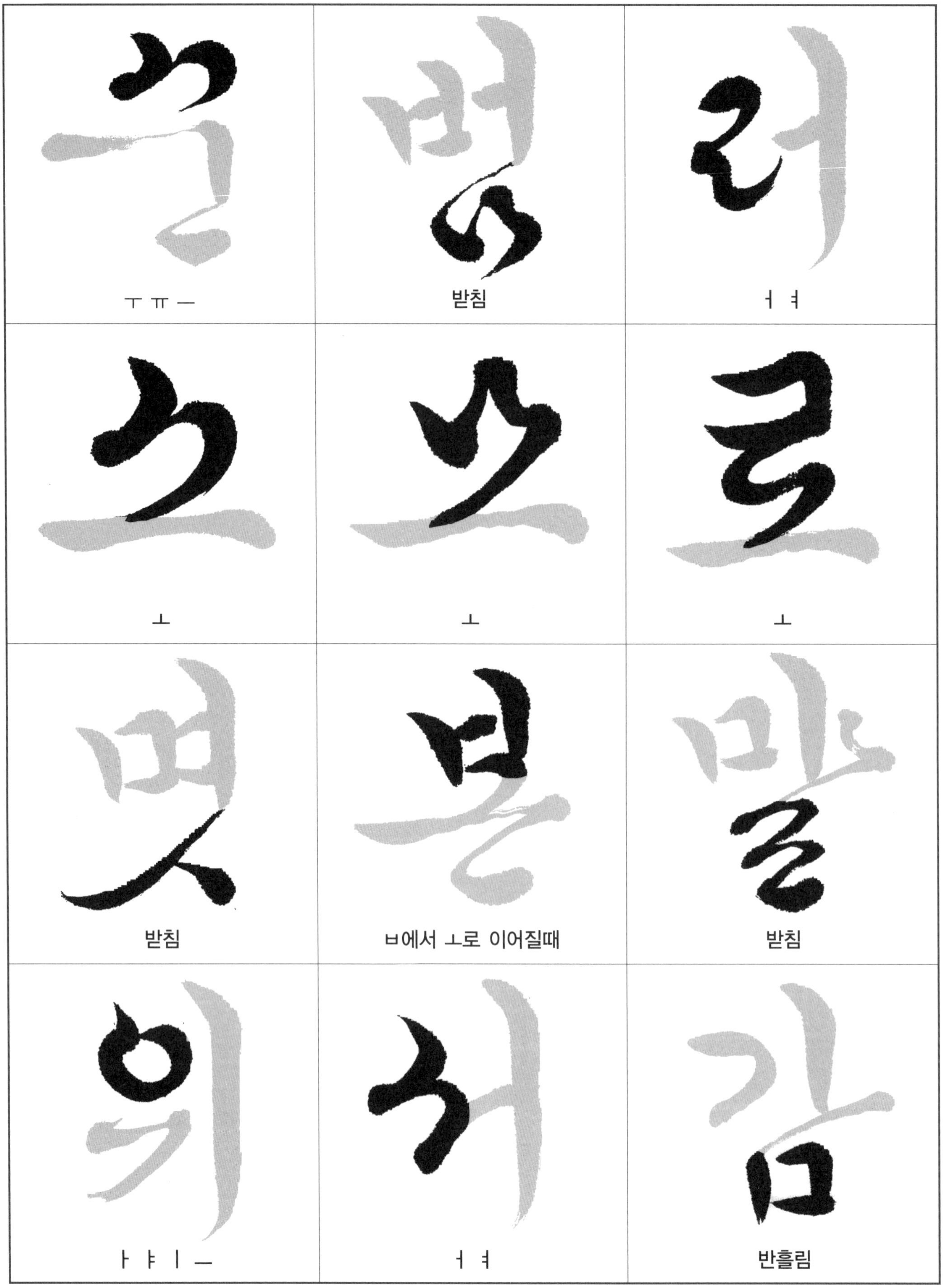

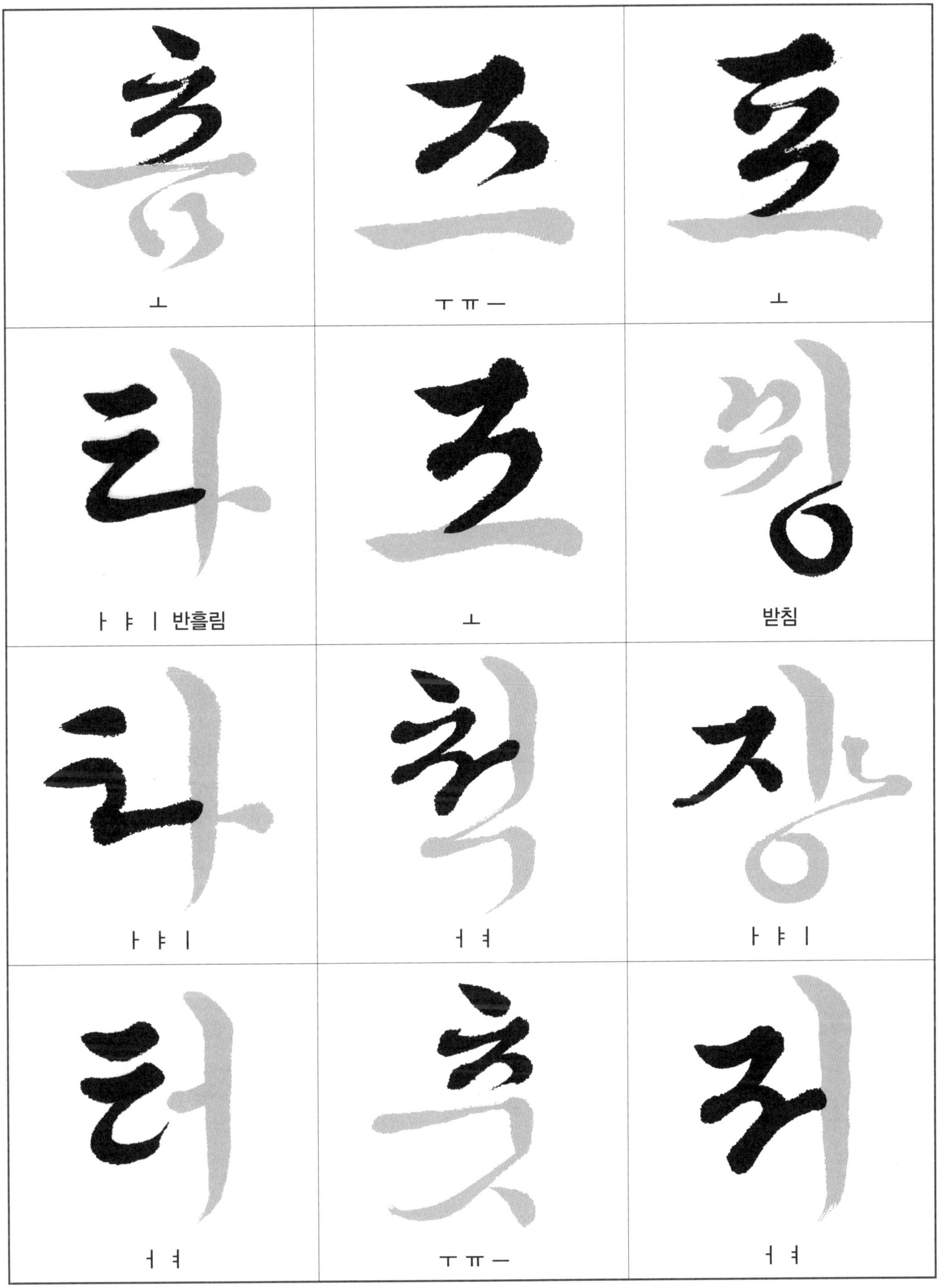
ㅗ
ㅜ ㅠ ㅡ
ㅗ
ㅏ ㅑ ㅣ 반흘림
ㅗ
받침
ㅏ ㅑ ㅣ
ㅓ ㅕ
ㅏ ㅑ ㅣ
ㅓ ㅕ
ㅜ ㅠ ㅡ
ㅓ ㅕ

(기본획Ⅱ)

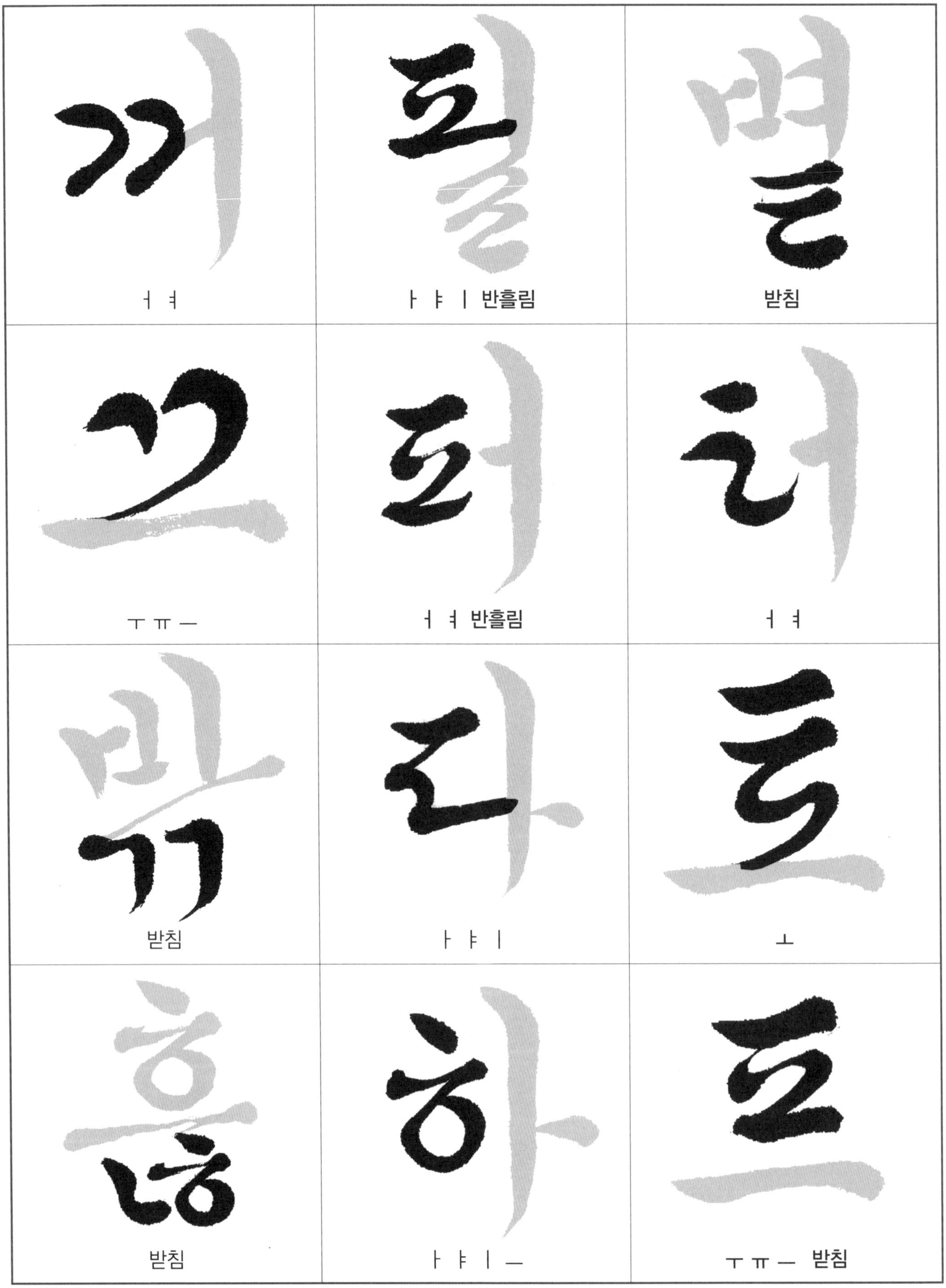

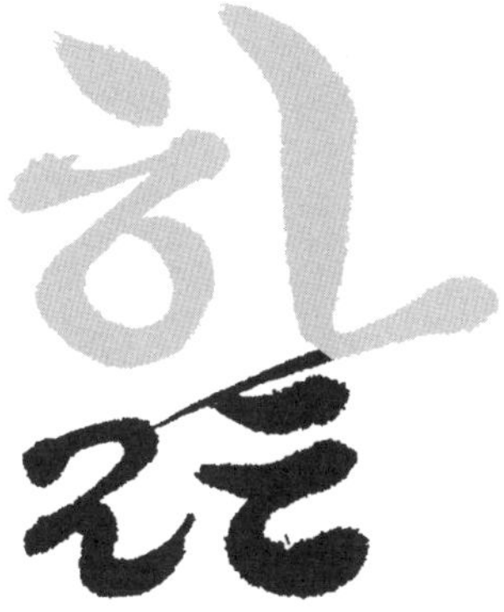
받침

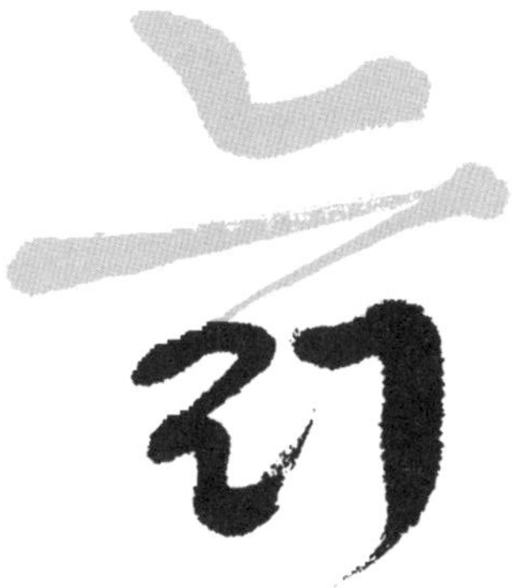
받침

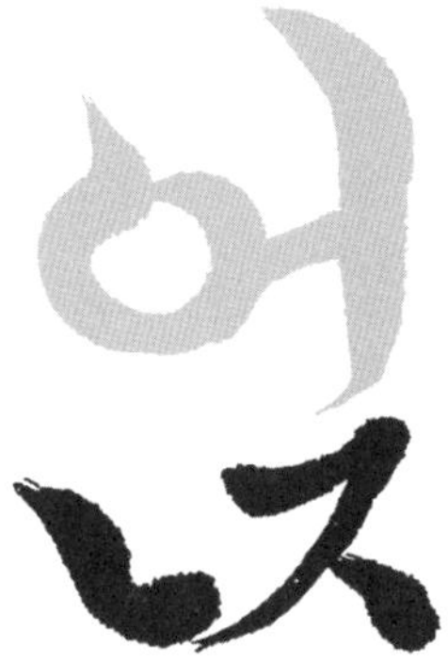
받침

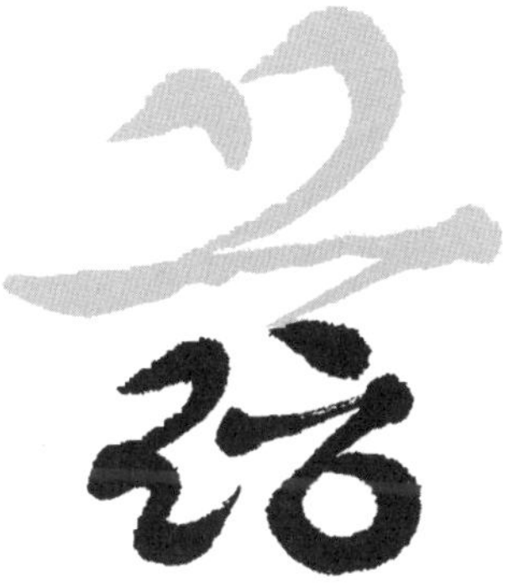
받침

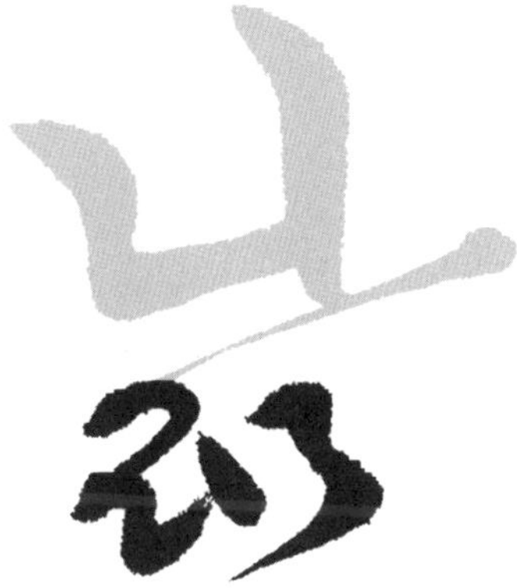
받침

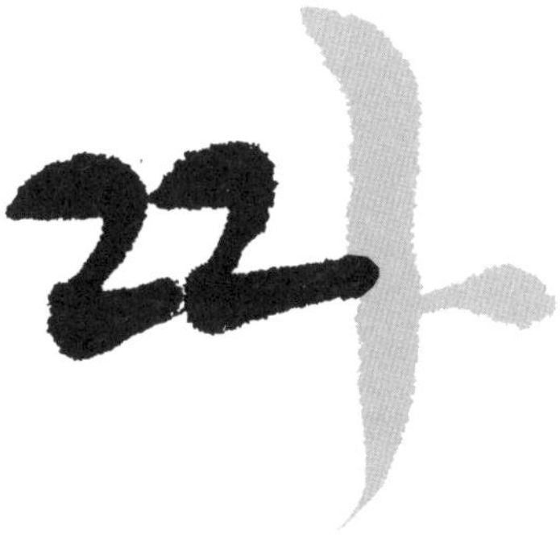
ㅏ ㅑ ㅣ

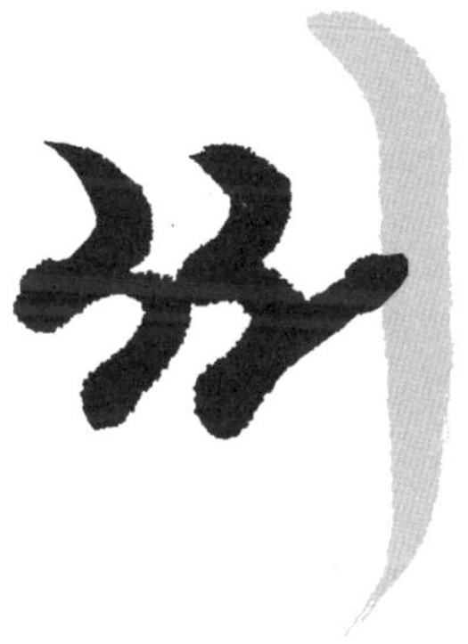
ㅓ ㅕ

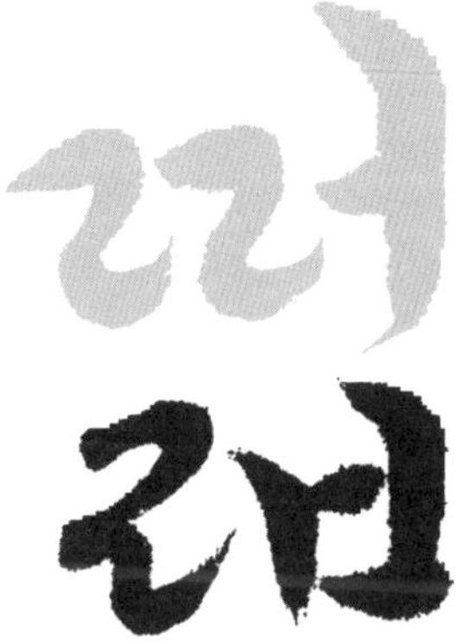
받침

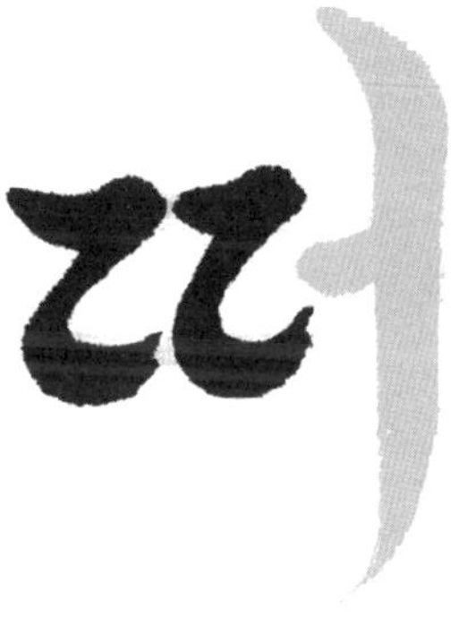
ㅓ ㅕ 반흘림

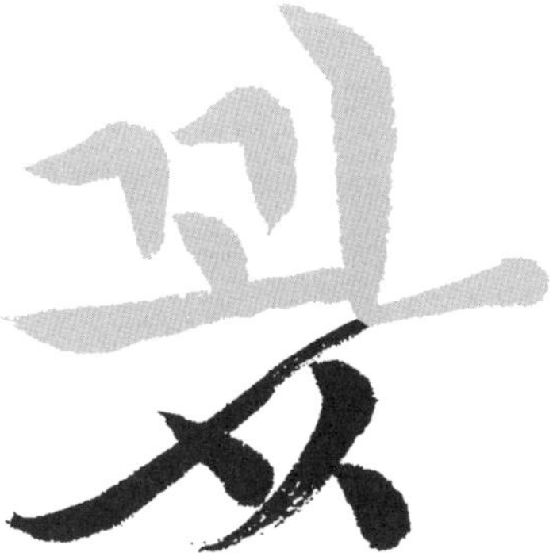
받침

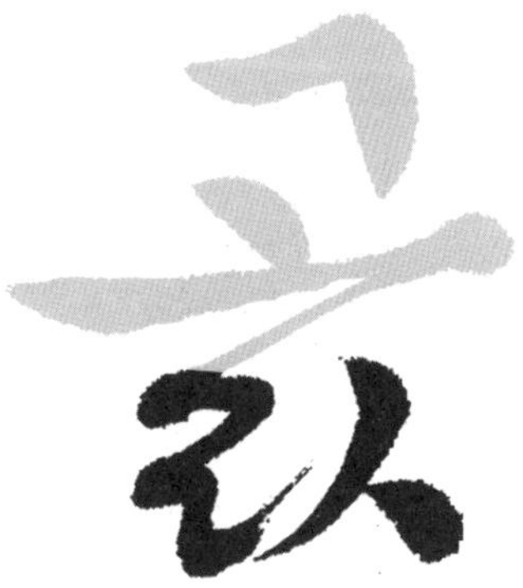
받침

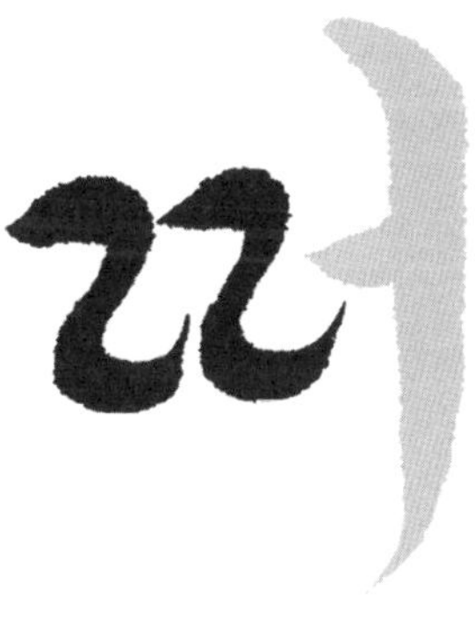
ㅓ ㅕ

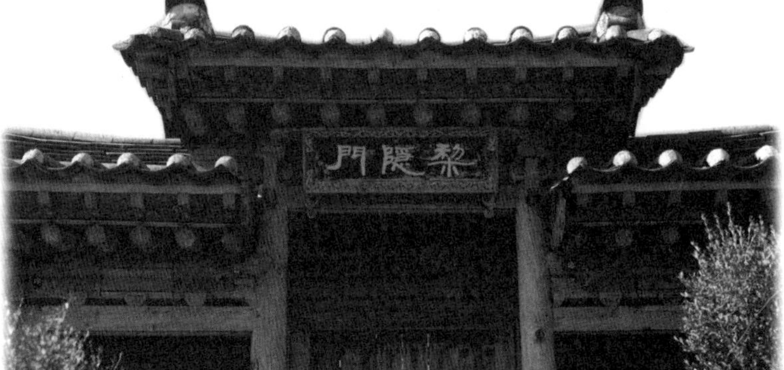

이은문

관찰의 도우미

아무리 좋은 재질과 재목을 가졌다하여도
아름다운 집을 짓기 위해서는
균형이 맞아야 합니다.
균형미는 조화입니다.
조화는 마음을 편안하게 하면서 안정감을 줍니다.
길고 짧고, 넓고 좁고, 굵고 가늘고,
이 모든 것들은 절대성 보다는 상대성이 더 크지요.
검정과 흰색의 조화 속에서
이 모든 것들이 우리의 눈을 속이고 있습니다.
세심한 관찰력으로 착시현상에 유혹 당하지 않는
역지사지의 입장도 필요합니다.
아름다움이 조화롭지 못하면
더 예쁜 글자들을 낳을 수 없기 때문입니다.
이들의 도우미가 바로 구궁지입니다.

(낱글자 단문 Ⅰ)

원본 60% 확대

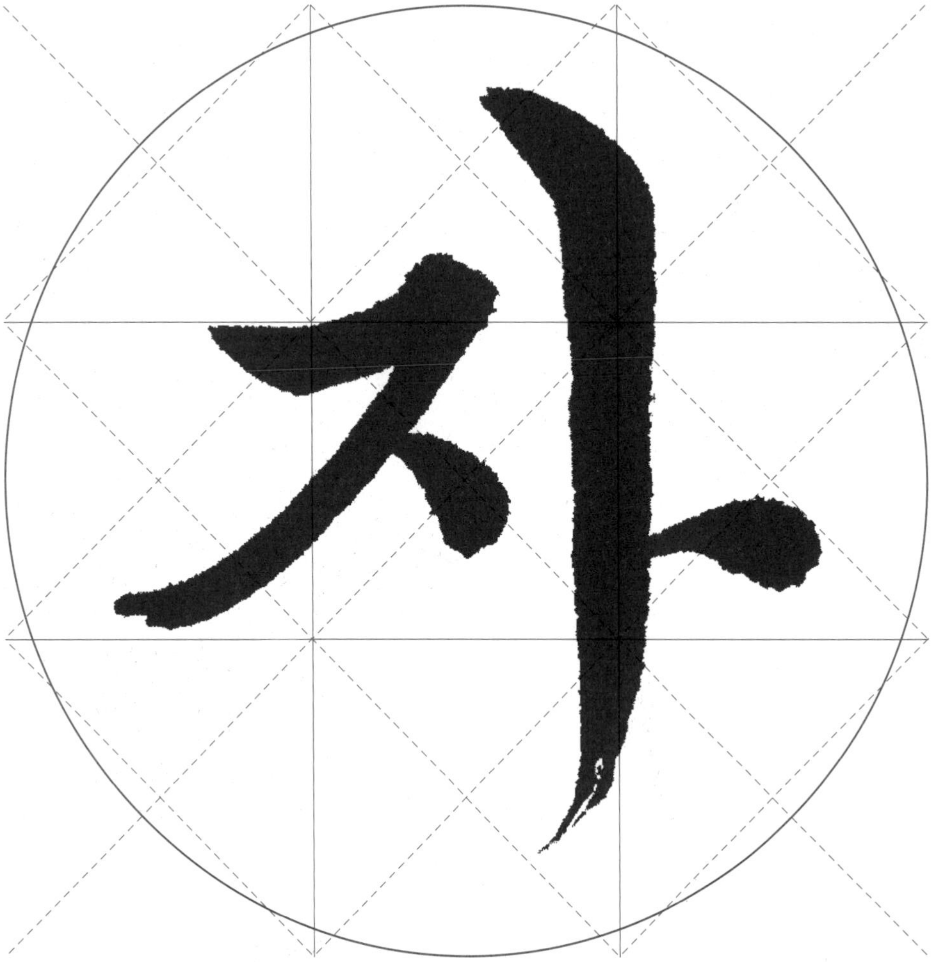

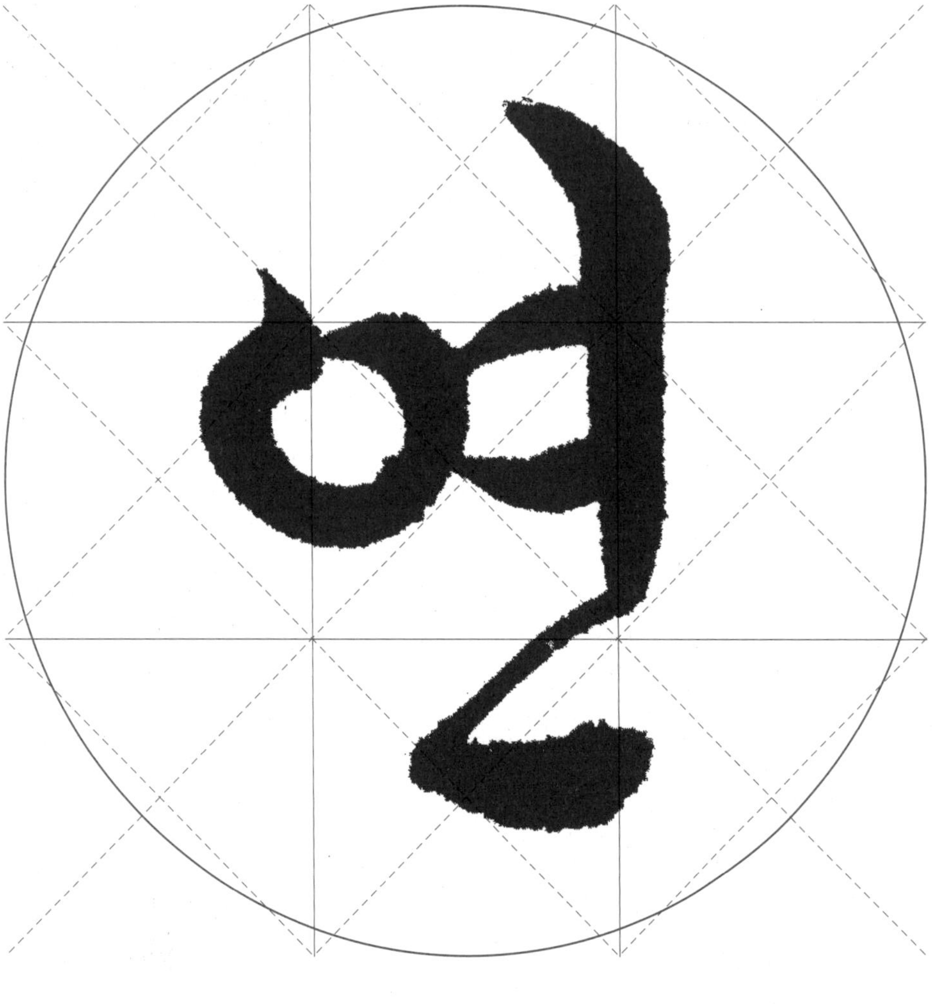

(낱글자 단문 Ⅰ)

원본 60% 확대

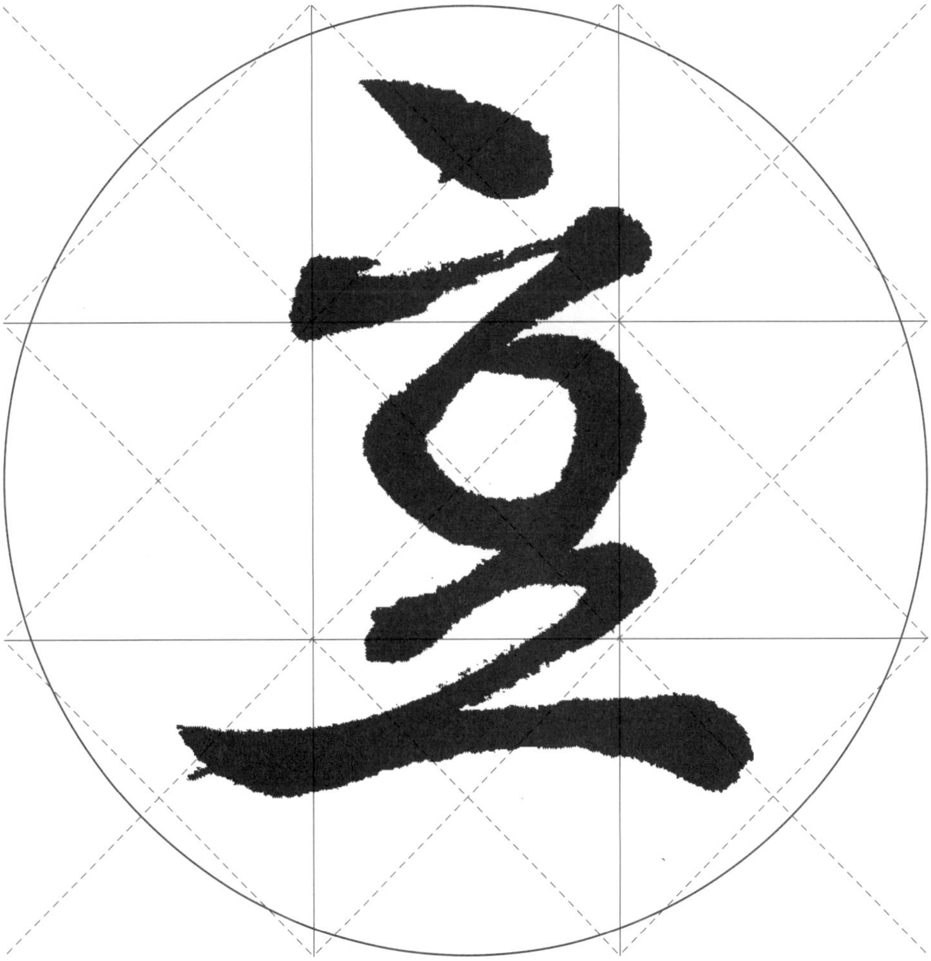

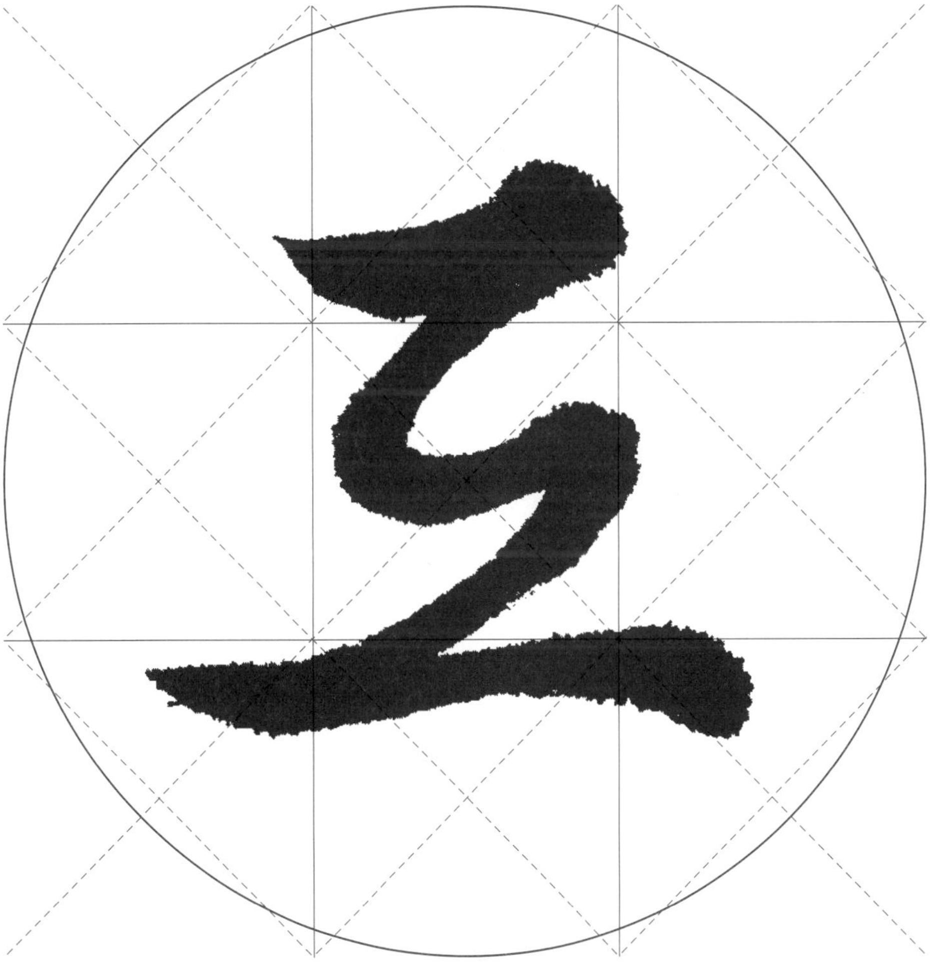

(낱글자 단문 Ⅰ)

원본 60% 확대

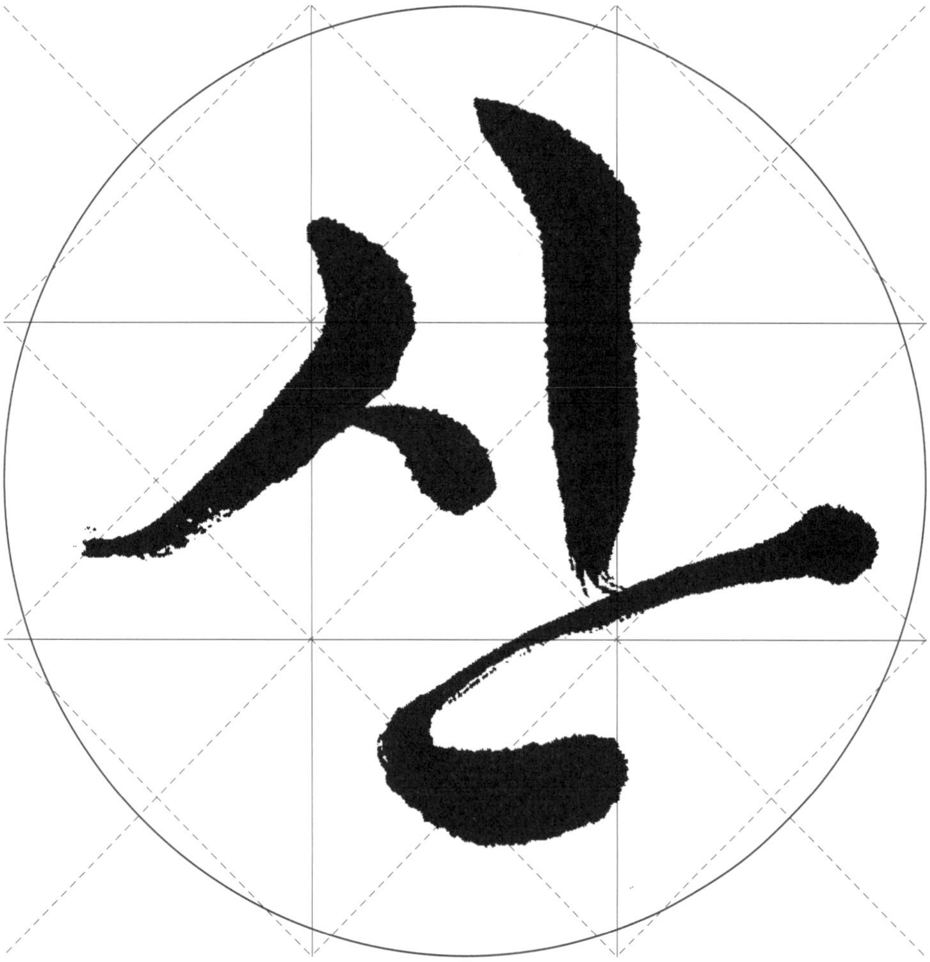

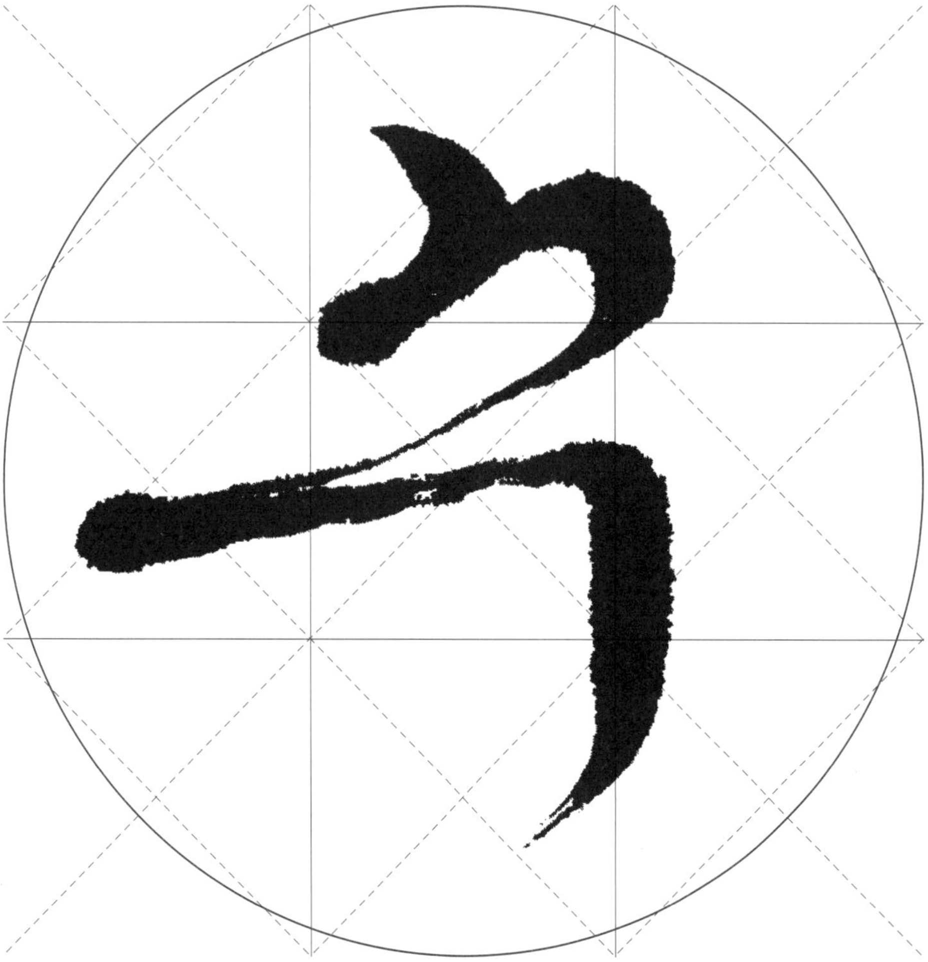

(낱글자 단문 Ⅰ)

원본 60% 확대

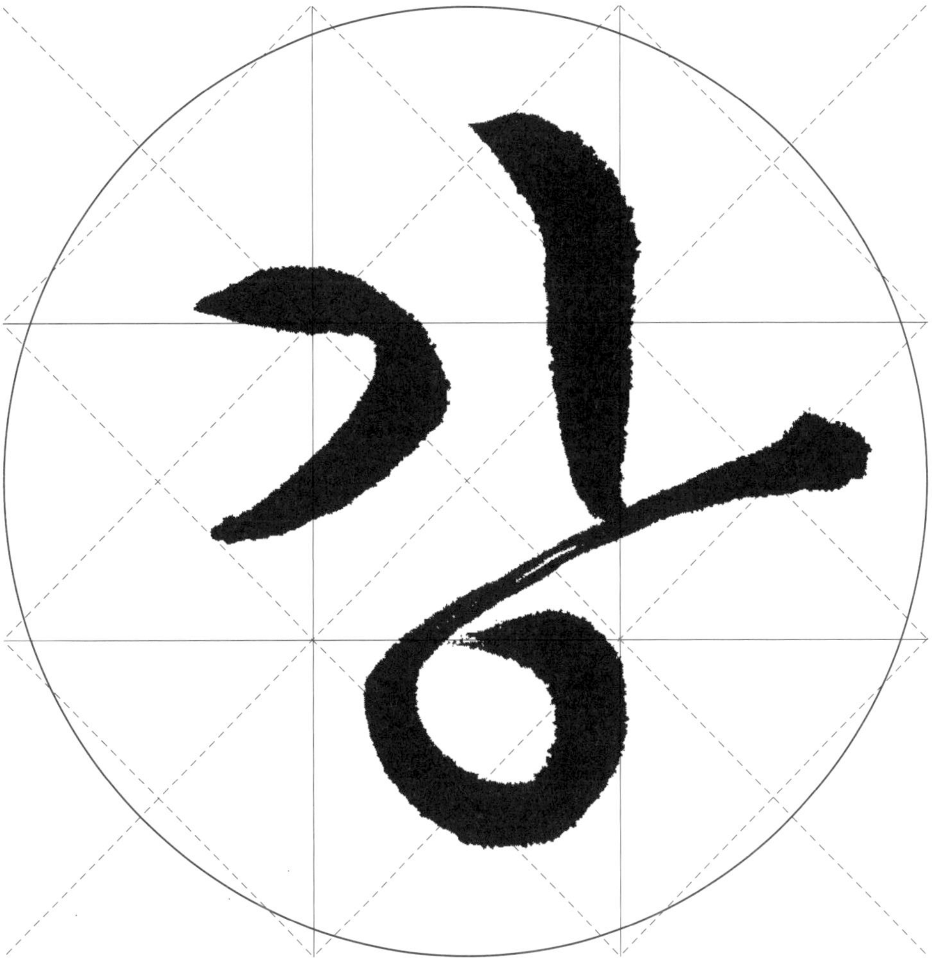

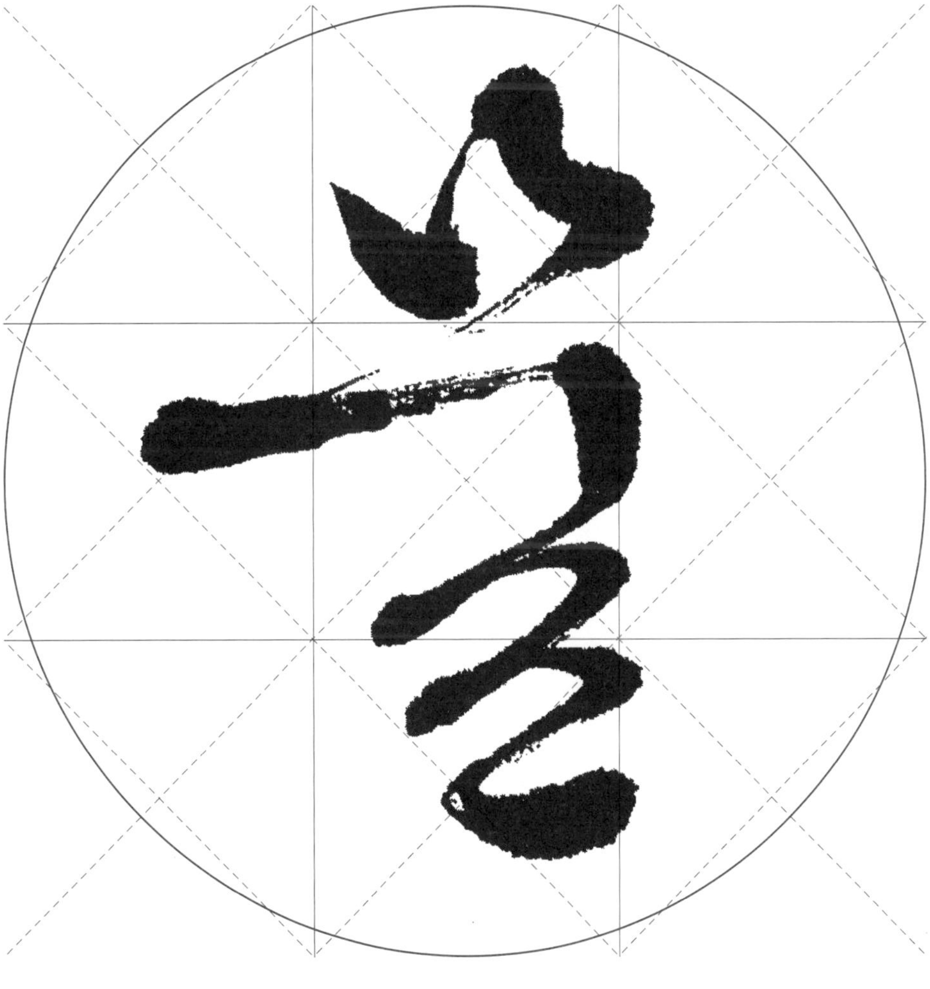

(낱글자 단문 Ⅱ) 원본 10% 확대

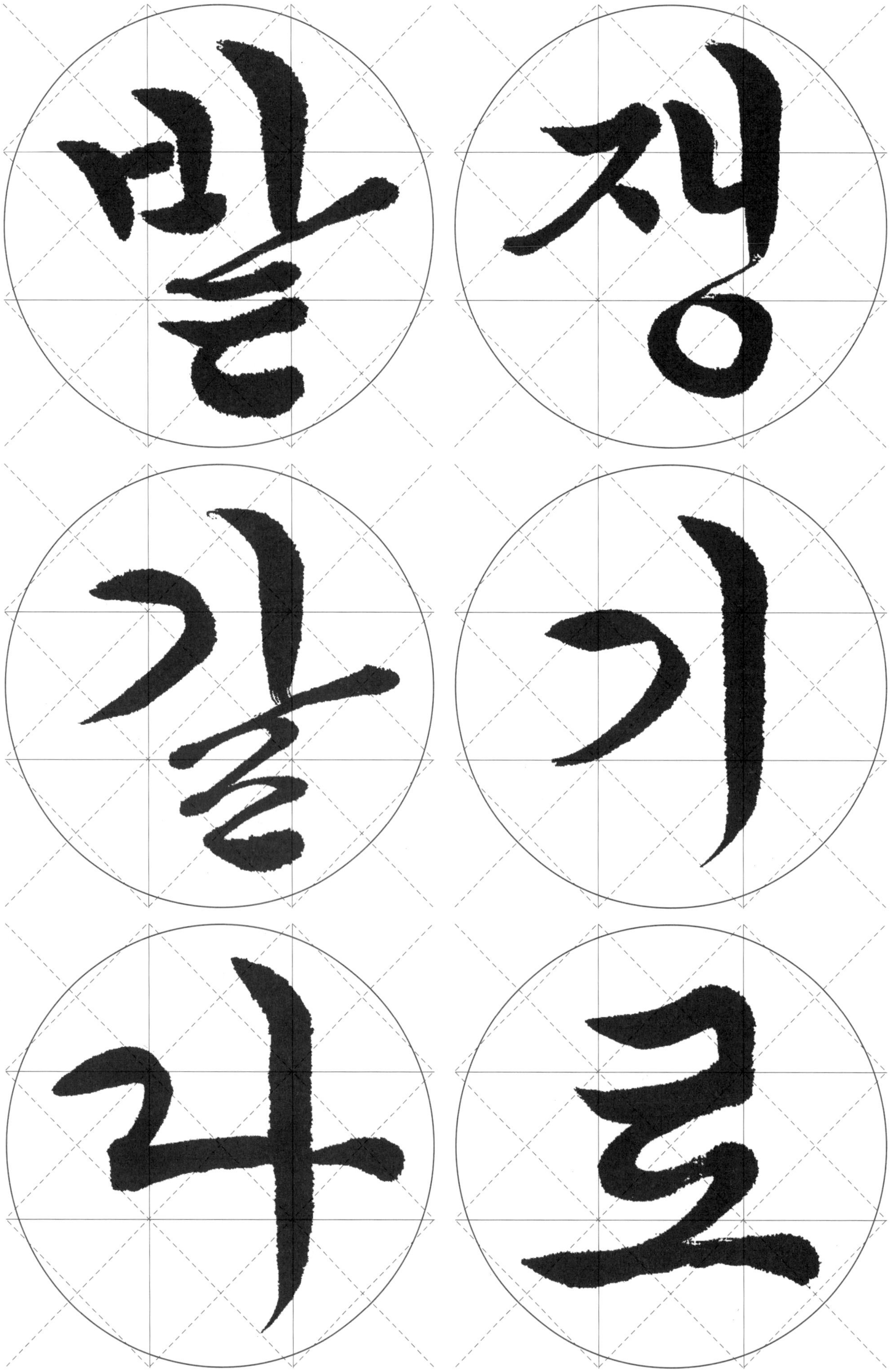

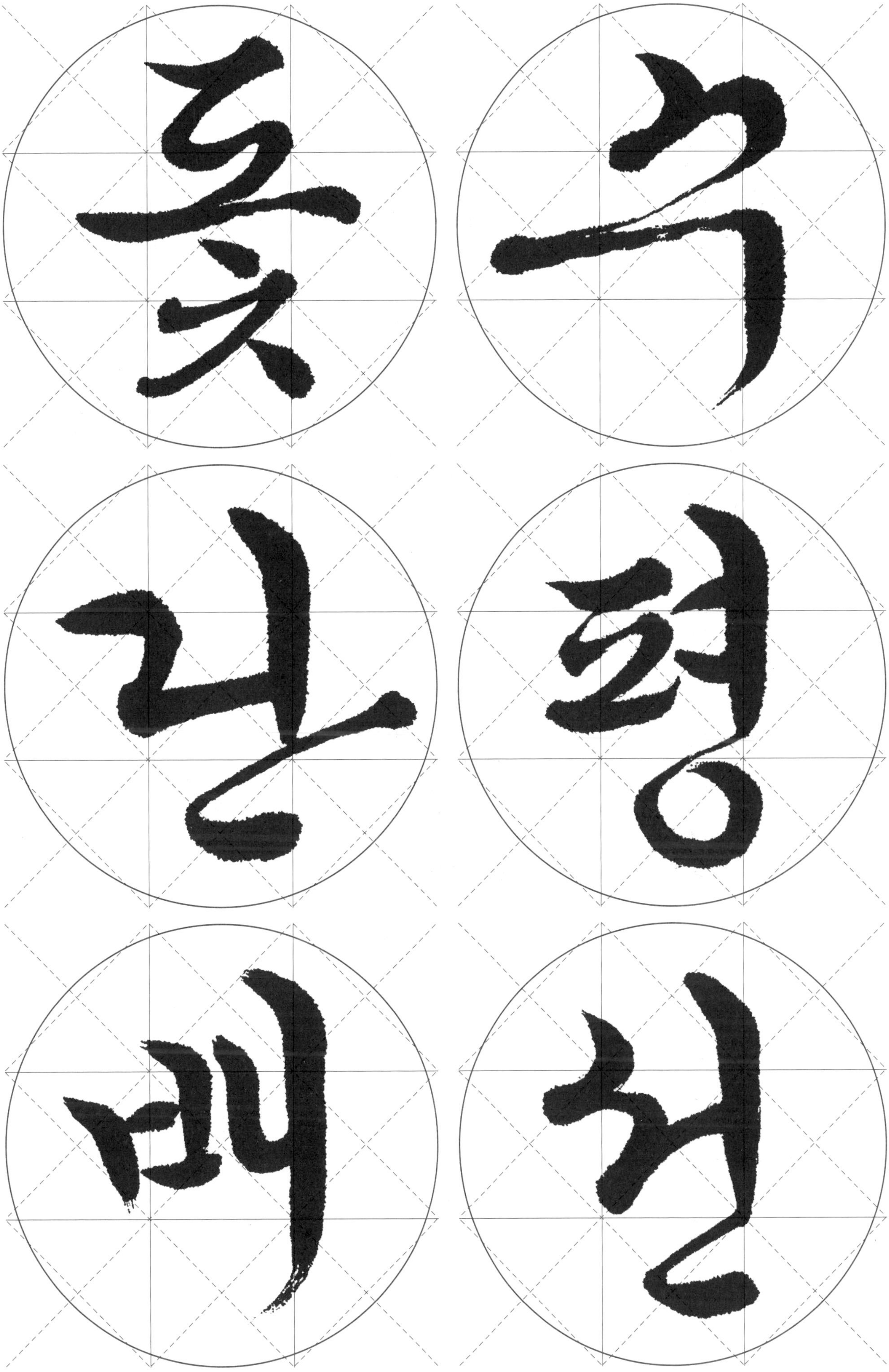

(낱글자 단문 Ⅲ) 원본 30% 축소

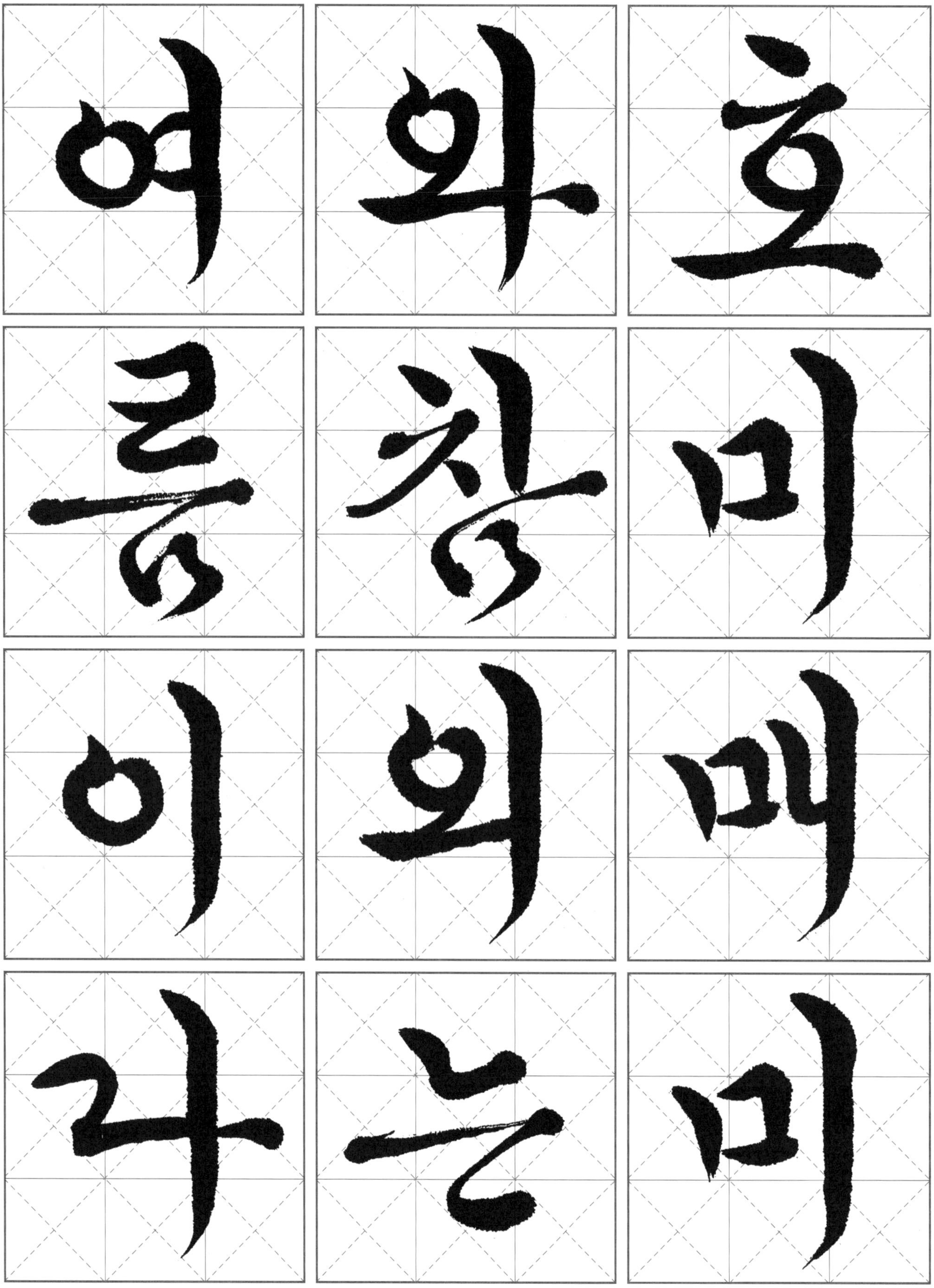

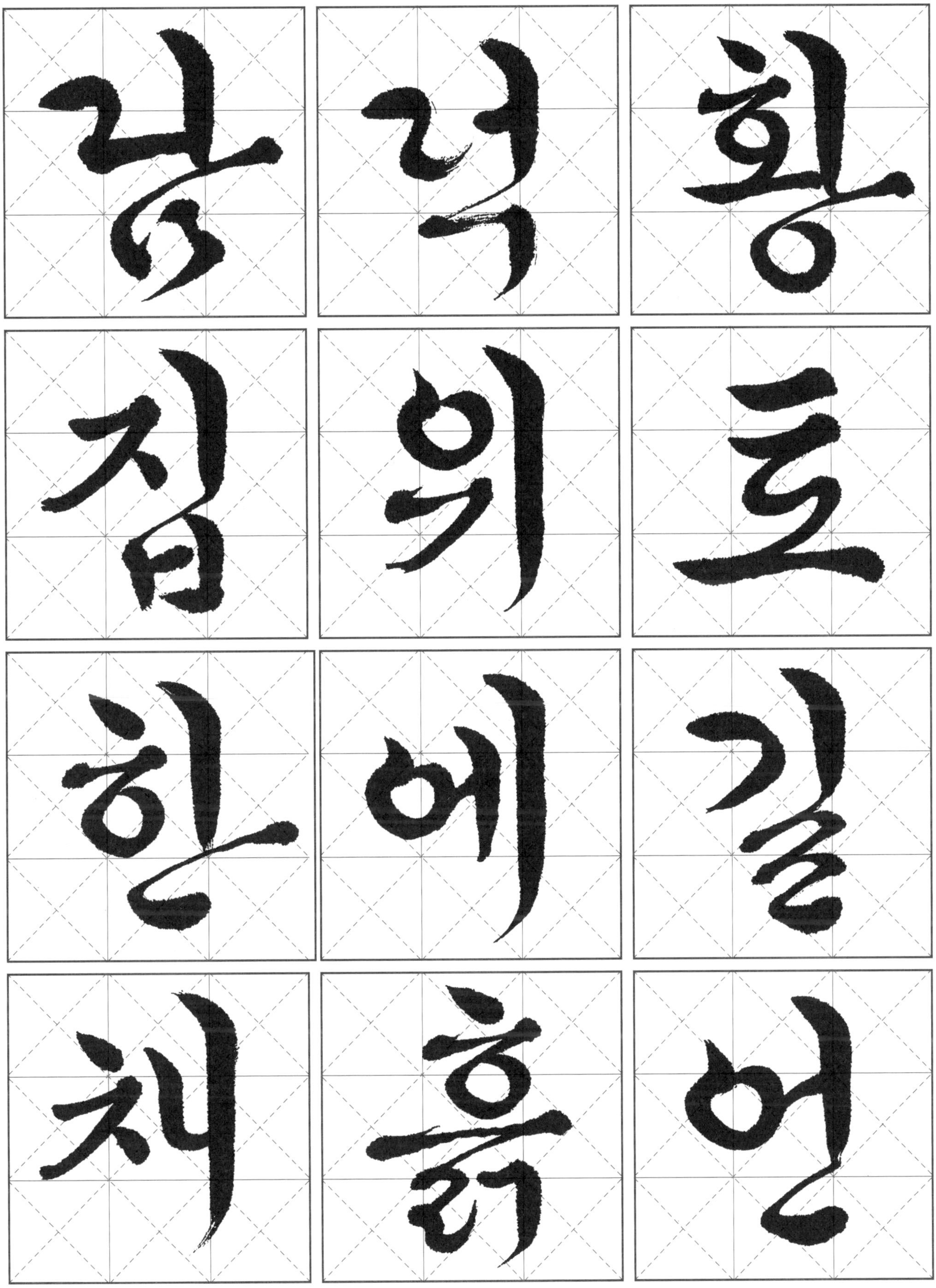

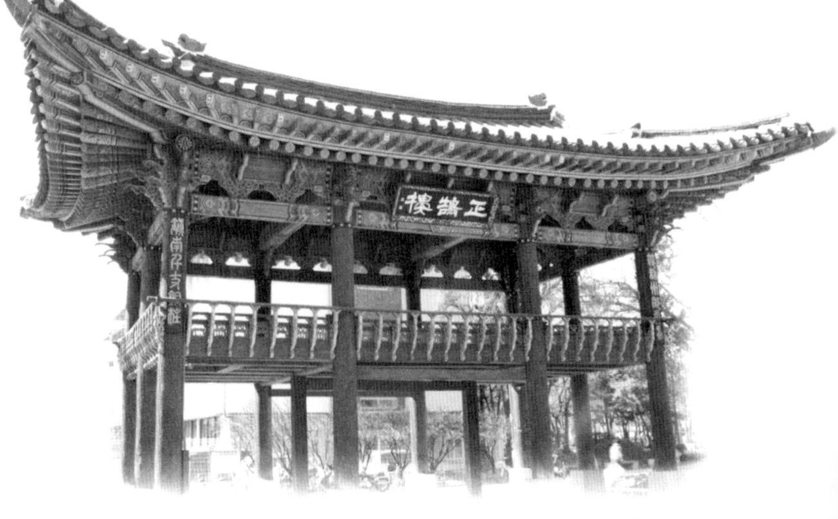

정곡루

궁체흘림

영원한 성찰

선택한 내용을 배려와 양보의 미덕으로
자간을 배열하고,
작품 속에 시냇물이 흐르듯 한
리듬이 살아 있어야 합니다.
마음속 지필묵에 묻어있어야 함으로
글씨가 가는 과정은 고난과 형극의
길이므로 초심을 잃지 않고 목표한
지점에 욕심 없이 도달해야 합니다.

(문장 Ⅰ) 원본 40% 축소　　▼두 내림 선에 맞춰 자획의 위치를 찾을 수 있습니다.

풀밭의 아이들
이 신발을 벗어
하늘을 한 켤레
씩 펴서 걷는다

여름하늘을 하나씩 물고 떠난 새들은 가을을 품고 돌아온다

우리 뒤뜰에는 햇살 찬란한 깃대를 세우고 우리 알뜰에는 장엄한 노래 휘날리게 하리라

낯익은이웃들의
얼굴을깊은꽃씨
들이바람의갈피
에끼어먼남쪽에
서돌아와눕는다

(문장 Ⅲ) 원본 60% 축소 ▼ 오른쪽 한 선에 맞춰 자획의 위치를 찾을 수 있습니다. (궁체의 독특한 특성을 살릴 수 있습니다)

계절의메아리가돌
아나간자리에무지
개가옷고해와갈도
거기서떠오르기에
들꽃길은평화는항
상마을축에서산라

냇울소리만가슴에
길어남고고향길섶
의민들레로만앉았
으니날수리움에갈
힌한세월을언제다
시꺼내볼수있으랴

백합뜰의아침에는절설을신
화로키워내는천웅이가넘는
해가뜨고신화는마침내한접
시상감청자에감져먼바다의
파도를갈래는눈물이되고괴
룩으로불어가는바람을이끌
어상형나비가춤추던꿈속에
서역사의꽃밭을일궈낸다

홍 읍 가 라 의 득 을 봄
명 이 울 시 플 향 편 에
한 이 취 한 라 청 지 는
눈 신 령 번 타 보 를 산
으 하 가 내 너 라 쓰 속
로 에 음 라 쓰 러 고 유
예 가 졸 보 의 우 울 노
견 득 일 아 여 렁 동 랗
해 할 우 라 물 찬 장 게
보 내 리 그 졸 여 에 는
아 일 의 리 기 름 물 물
라 을 소 고 를 날 어 져

▶ 길잡이 노릇을 한 선은 숲 속으로 사라졌습니다. 혼자 가는 산길이 험할지라도 가야만 합니다.

시간이어두운밤을덮어주고골짜기
의바람을흔들어풍금을울리면서능
선을넘고있을때눈은내리고어디선
가흔들리는제야의종소리주여내죄
를씻어주소서내죄를맑게갈아주소
서외로움도떠내주시고그리움도뇌
어주소서발밑에쌓이는눈을가슴으
로녹여지난세월내내사랑하지못한
죄용서하지못한죄교만한죄씻어주
심으로써파란하늘볼수있게하소서

2350자 궁체흘림 원문

본서의 원본은
KS X 1001에 따른 2350자를
가로 6.3, 세로 6.3cm크기의
글자를 55% 축소시켜
가로 3.3, 세로 3.3cm로
수록했습니다

가	각	간	갇
갈	갉	갊	감
갑	값	갓	갔
강	갖	갗	같
갚	갛	개	객
갠	갤	갬	갭

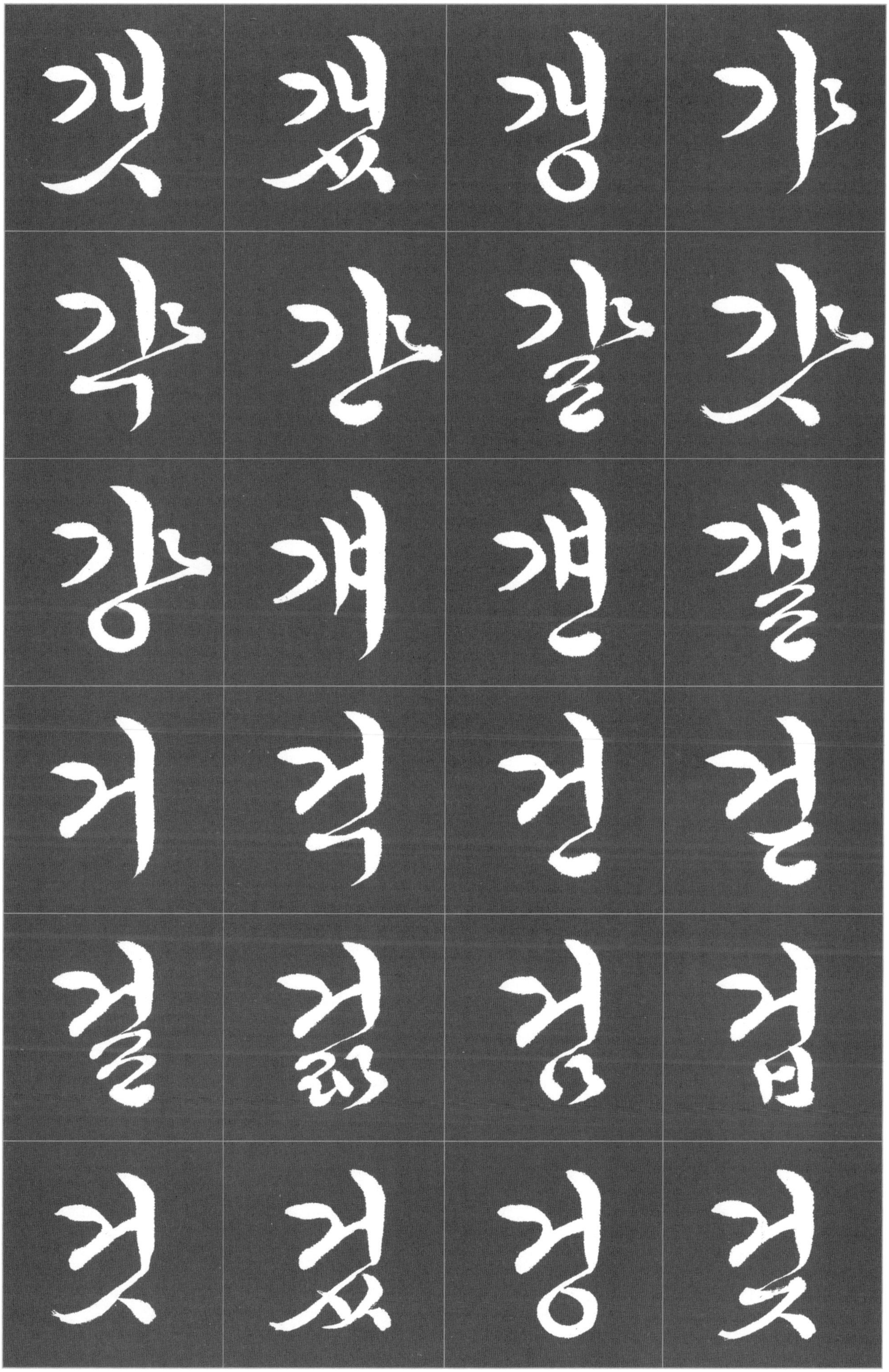
갯 갰 갱 갸
갹 갼 걀 걋
걍 걔 걘 걜
거 걱 건 걷
걸 걺 검 겁
것 겄 겅 겆

겉	겊	겋	게
겐	겔	겜	겝
겟	겠	겡	겨
격	겪	견	겯
결	겸	겹	겻
겼	경	곁	계

곈	곌	곕	곗
고	곡	곤	곧
골	곪	곬	곯
곰	곱	곳	공
곶	과	곽	관
괄	괆	괌	괍

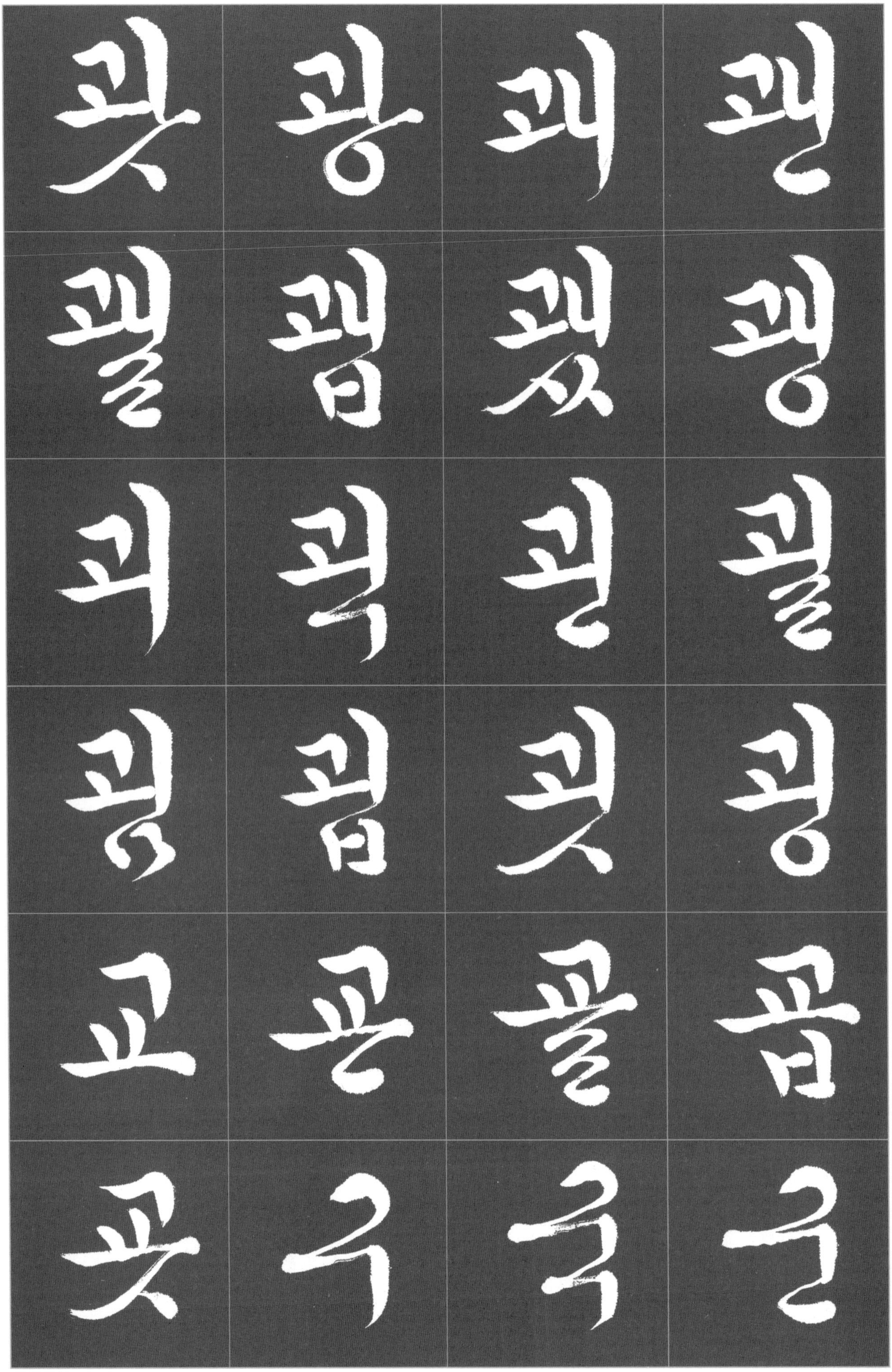
괏 광 괘 괜
괠 괩 괬 괭
괴 괵 괸 괼
굄 굅 굇 굉
교 굔 굘 굡
굣 구 국 군

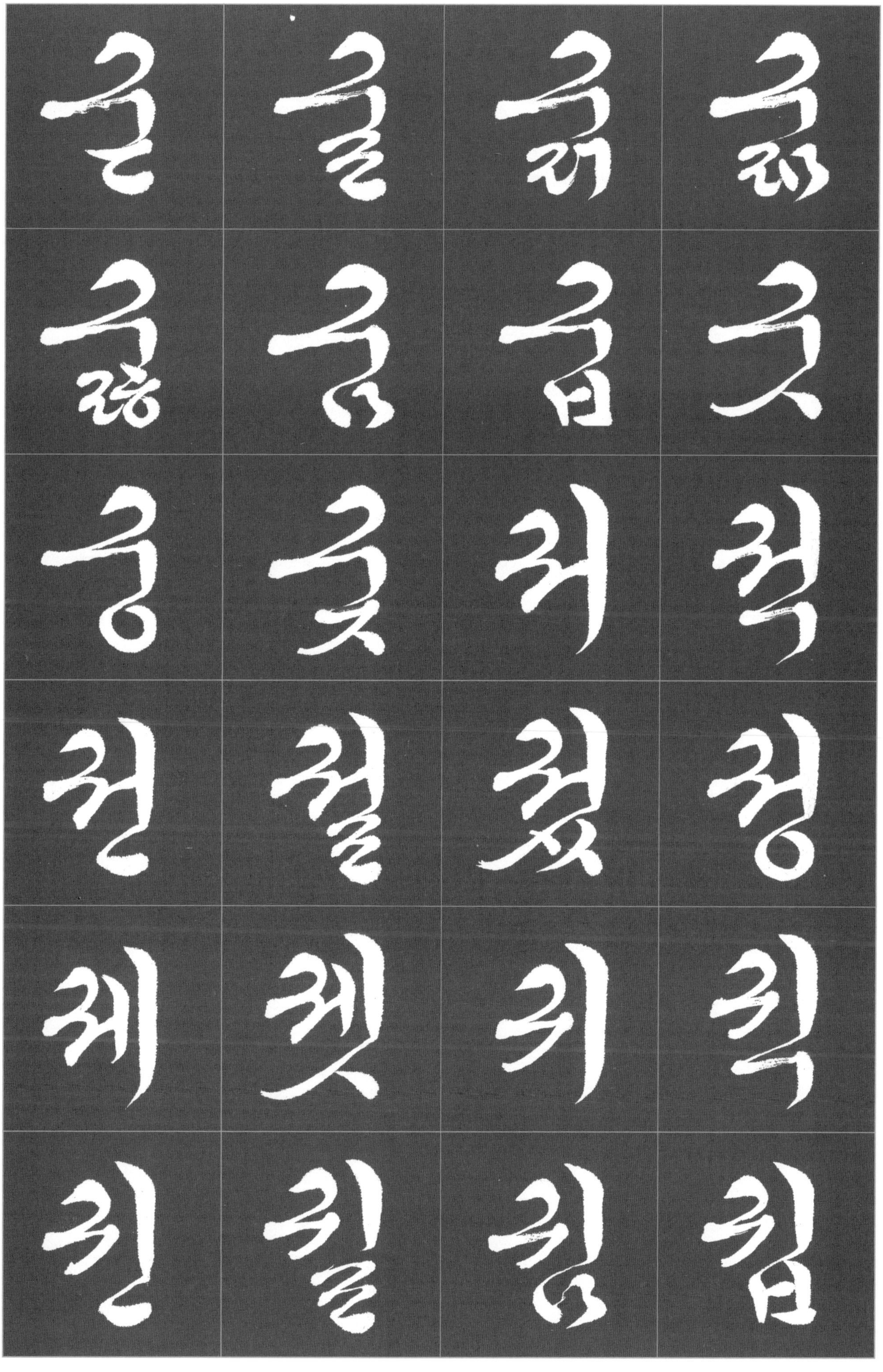

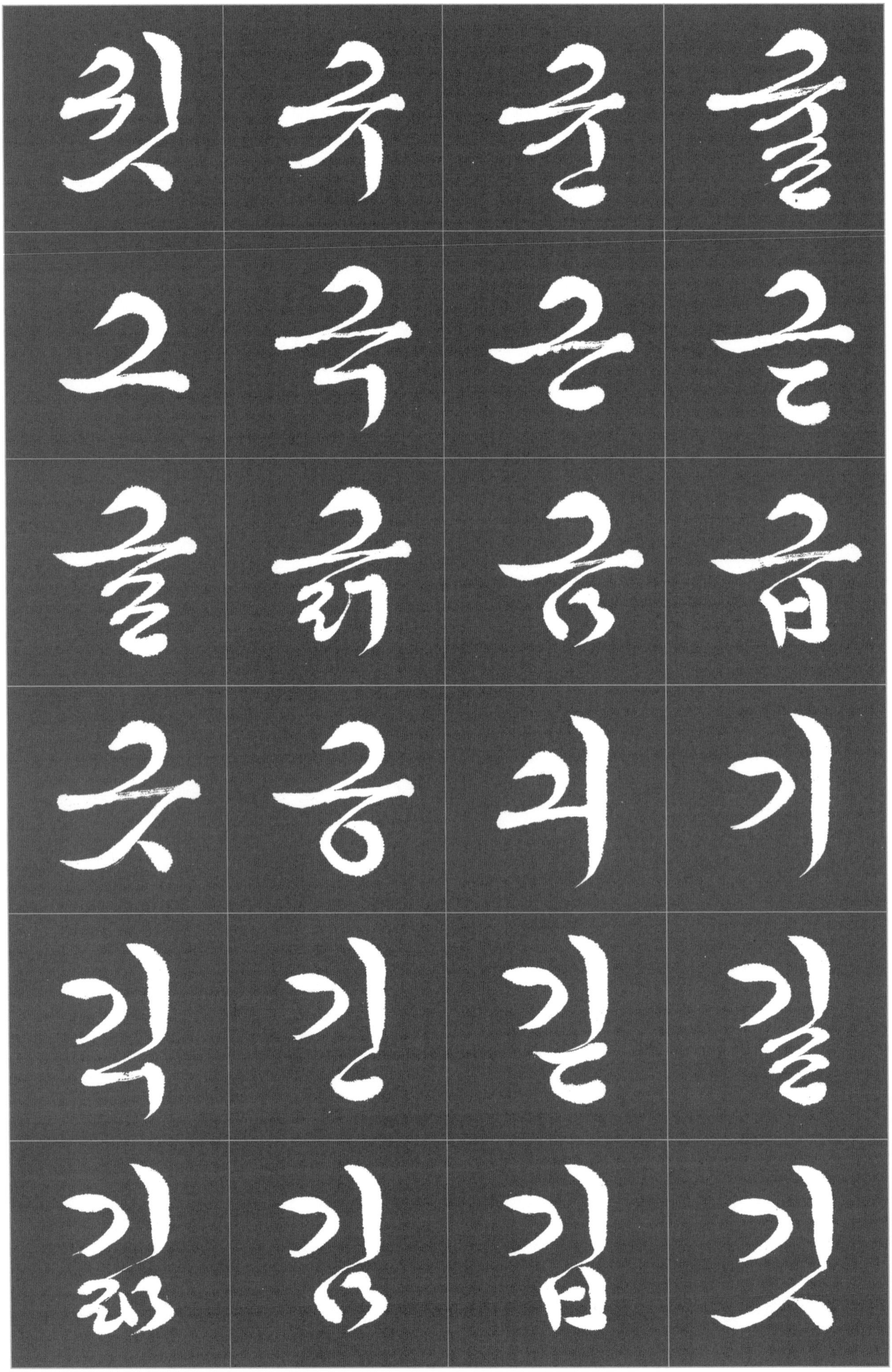
귓 규 균 귤
그 극 근 긑
글 긁 금 급
긋 긍 긔 기
긱 긴 긷 길
긺 김 깁 깃

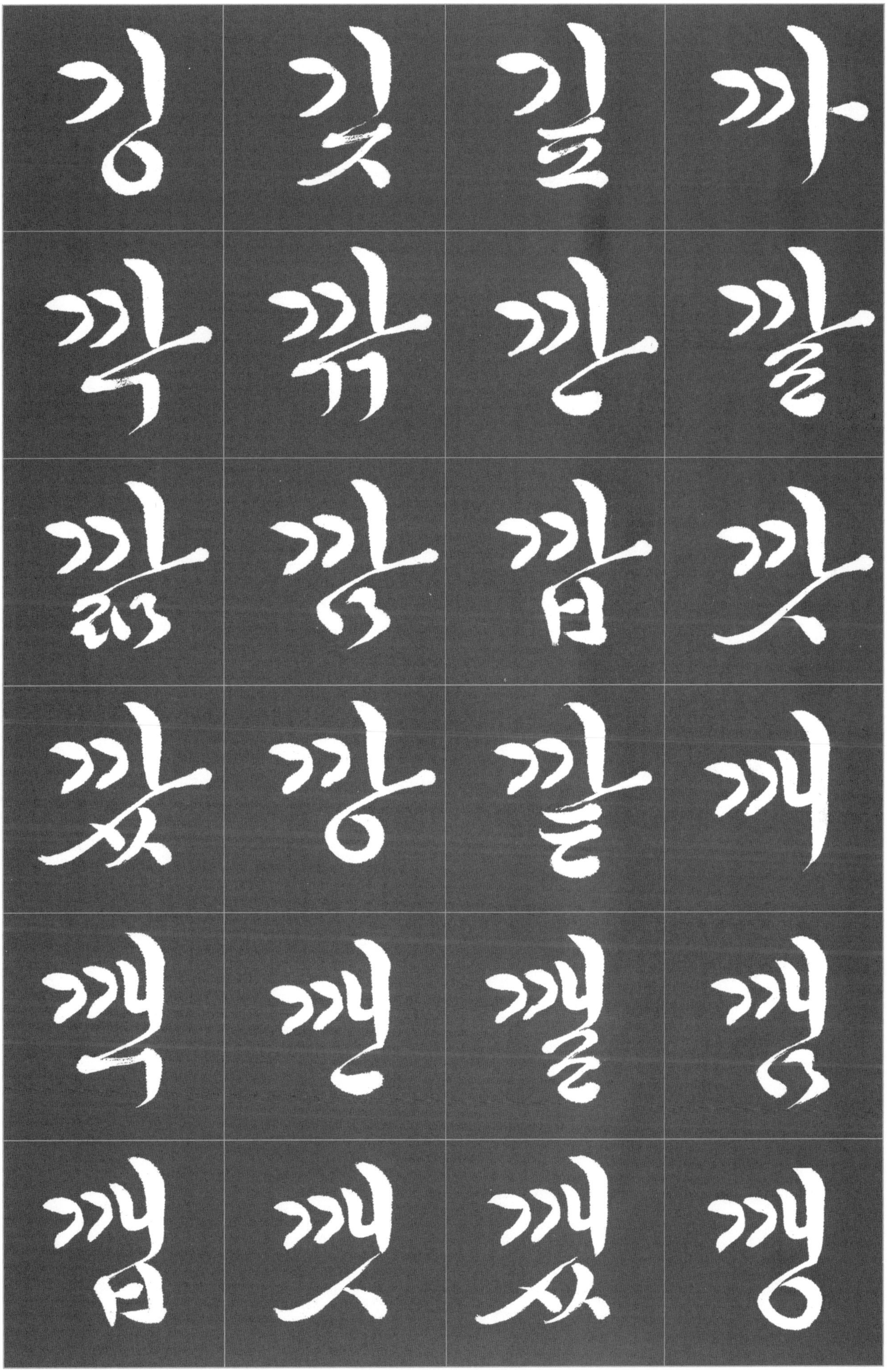
깅 깆 깊 까
깍 깎 깐 깔
깖 깜 깝 깟
깠 깡 깥 깨
깩 깬 깰 깸
깹 깻 깼 깽

까	깍	깔	꺼
꺽	꺾	껀	껄
껌	껍	껏	껐
껑	께	껙	껜
껨	껫	껭	껴
껸	껼	꼇	꼈

껼	꼐	꼬	꼭
꼰	꼲	꼴	꼼
꼽	꼿	꽁	꽂
꽃	꽈	꽉	꽐
꽜	꽝	꽤	꽥
꽹	꾀	꾄	꾈

꾐	꾑	꾕	꾜
꾸	꾹	꾼	꿀
꿇	꿈	꿉	꿋
꿍	꿎	꿔	꿜
꿨	꿩	꿰	꿱
꿴	꿸	뀀	뀁

꿨	뀌	뀐	뀔
뀜	뀝	뀨	끄
끅	끈	끊	끌
끎	끓	끔	끕
끗	끙	끝	끼
끽	낀	낄	낌

낍	낏	낑	나
낙	낚	난	낟
날	낡	낢	남
납	낫	났	낭
낮	낯	낱	낳
내	낵	낸	낼

냄	냅	냇	냈
냉	냐	냑	냔
냘	냠	냥	너
넉	넋	넌	널
넒	넓	넘	넙
넛	넜	넝	넣

네	넥	넨	넬
넴	넵	넷	넸
넹	녀	녁	년
녈	념	녑	녔
녕	녘	녜	녠
노	녹	논	놀

놂	놈	놉	놋
농	높	놓	놔
놘	놜	놨	뇌
뇐	뇔	뇜	뇝
뇟	뇨	뇩	뇬
뇰	뇹	뇻	뇽

누	눅	눈	눋
눌	눔	눕	눗
눙	눠	눴	눼
뉘	뉜	뉠	뉨
뉩	뉴	뉵	뉼
늄	늅	늉	느

늑	는	늘	늙
늚	늠	늡	늣
능	늦	늪	늬
늰	늴	니	닉
닌	닐	닒	님
닙	닛	닝	닢

라	락	랚	란
랃	랄	랅	랆
랇	랋	람	랍
랏	랐	랑	랒
랓	랗	래	랙
랜	랠	램	랩

랫	랬	랭	랴
러	럭	럮	런
럳	럴	럶	럷
럼	럽	럿	렁
렃	렇	레	렉
렌	렐	렘	렙

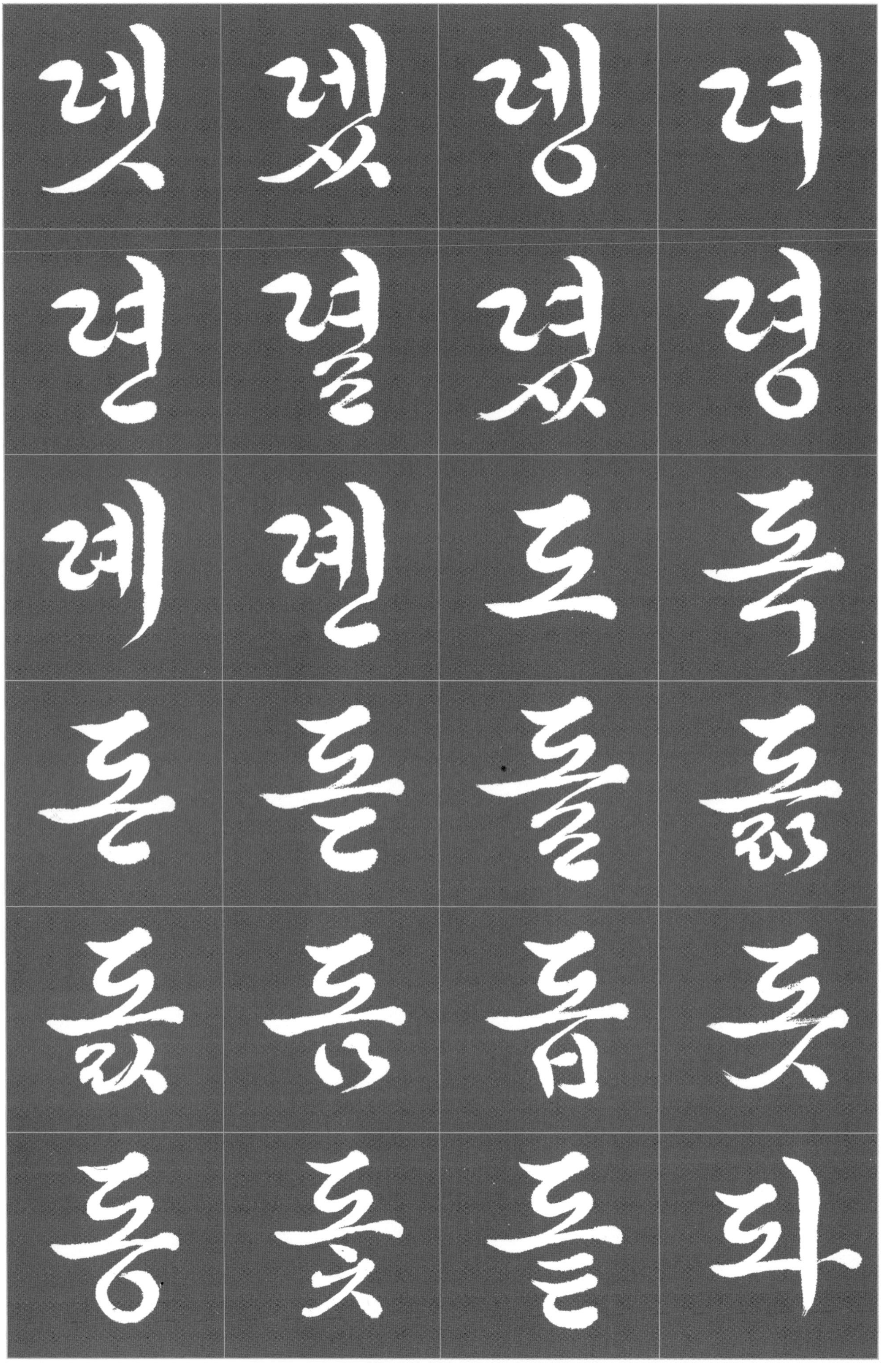

돤	돨	돼	됐
되	된	될	됨
됩	됫	됴	두
둑	둔	둘	둠
둡	둣	둥	둬
뒀	뒈	뒝	뒤

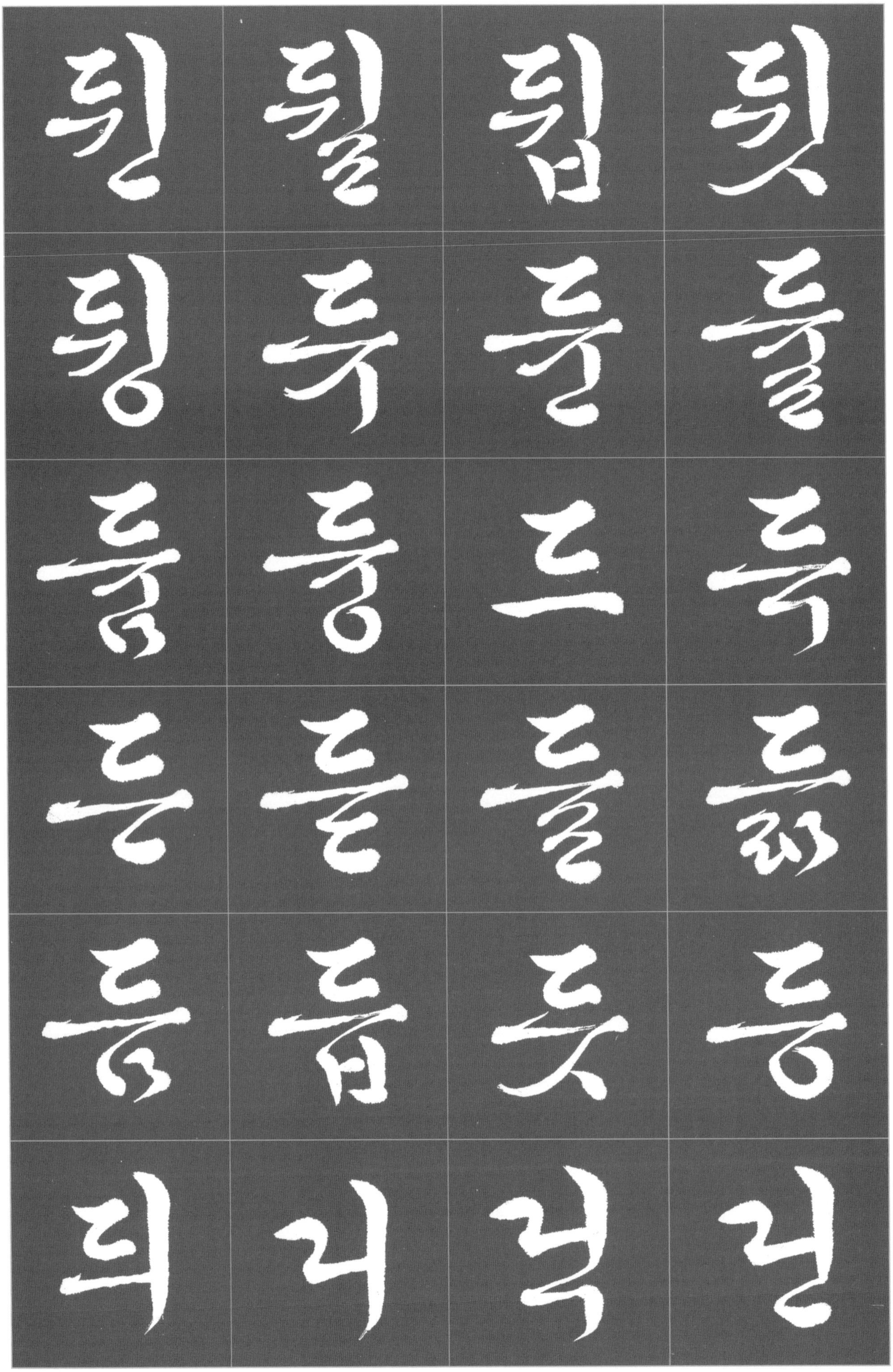
된 될 됩 됫
됭 두 둔 둘
둠 둥 드 득
든 듣 들 듦
듬 듭 듯 등
듸 디 딕 딘

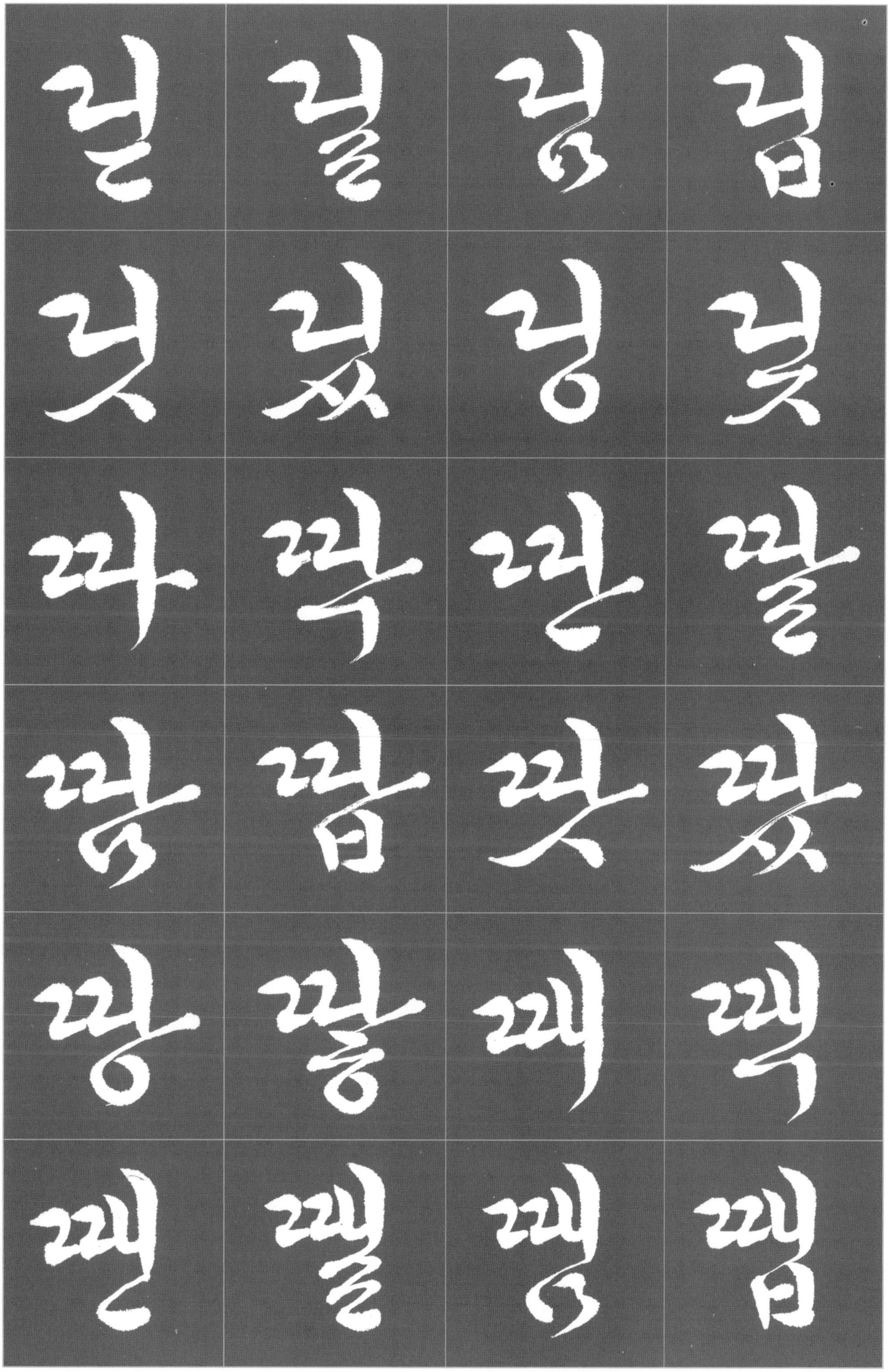

쨋	쨌	쨍	쩌
쩍	쩐	쩔	쩖
쩗	쩜	쩝	쩟
쩠	쩡	쩧	쩨
쩩	쩬	쩰	쩸
쩹	쩻	쩼	쩽

떠	떴	또	똑
똔	똘	똥	똬
똴	뙈	뙤	뙨
뚜	뚝	뚠	뚤
뚫	뚬	뚱	뛔
뛰	뛴	뛸	뜀

뜁	뜅	뜨	뜩
뜬	뜯	뜰	뜸
뜹	뜻	띄	띈
띌	띔	띕	띠
띤	띨	띰	띱
띳	띵	라	락

린	릴	림	립
릿	맀	링	맂
맅	맇	래	랙
랜	랠	램	랩
랫	랬	랭	랴
략	랸	럇	량

러	럭	런	럴
럼	럽	럿	렀
렁	렇	레	렉
렌	렐	렘	렙
렛	렝	려	력
련	렬	렴	렵

렷	렸	령	례
롄	롑	롓	로
록	론	롤	롬
롭	롯	롱	롸
롼	뢍	뢨	뢰
뢴	뢸	룀	룁

룃	룅	료	룐
룔	룝	룟	룡
루	룩	룬	룰
룸	룹	룻	룽
뤄	뤘	뤠	뤼
뤽	륀	륄	륌

륏	륑	류	륙
륜	률	륨	륩
륫	륭	르	륵
른	를	름	릅
릇	릉	릊	릍
릎	리	릭	린

릴	림	립	릿
링	마	막	만
많	맏	말	맑
맒	맘	맙	맛
망	맞	맡	맣
매	맥	맨	맬

맴	맵	맷	맸
맹	맺	먀	먁
먈	먕	머	먹
먼	멀	멂	멈
멉	멋	멍	멎
멓	메	멕	멘

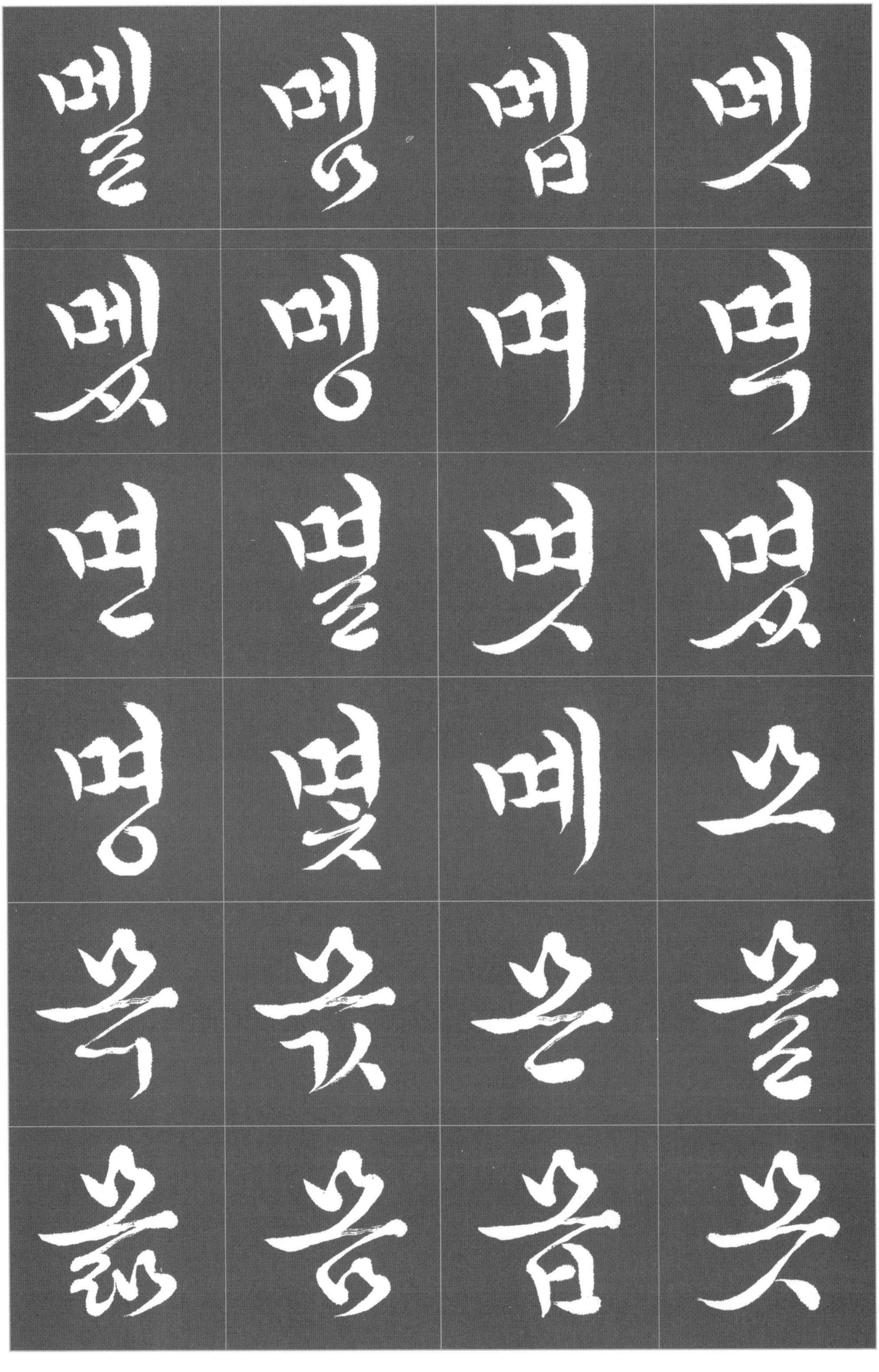
멜 멤 멥 멧
멨 멩 며 멱
면 멸 몃 몄
명 몇 몌 모
목 몫 몬 몰
몲 몸 몹 못

옹	와	완	왔
왕	외	왼	욀
욉	욋	욍	요
욘	욜	욥	욧
우	욱	욲	운
욷	울	욹	욺

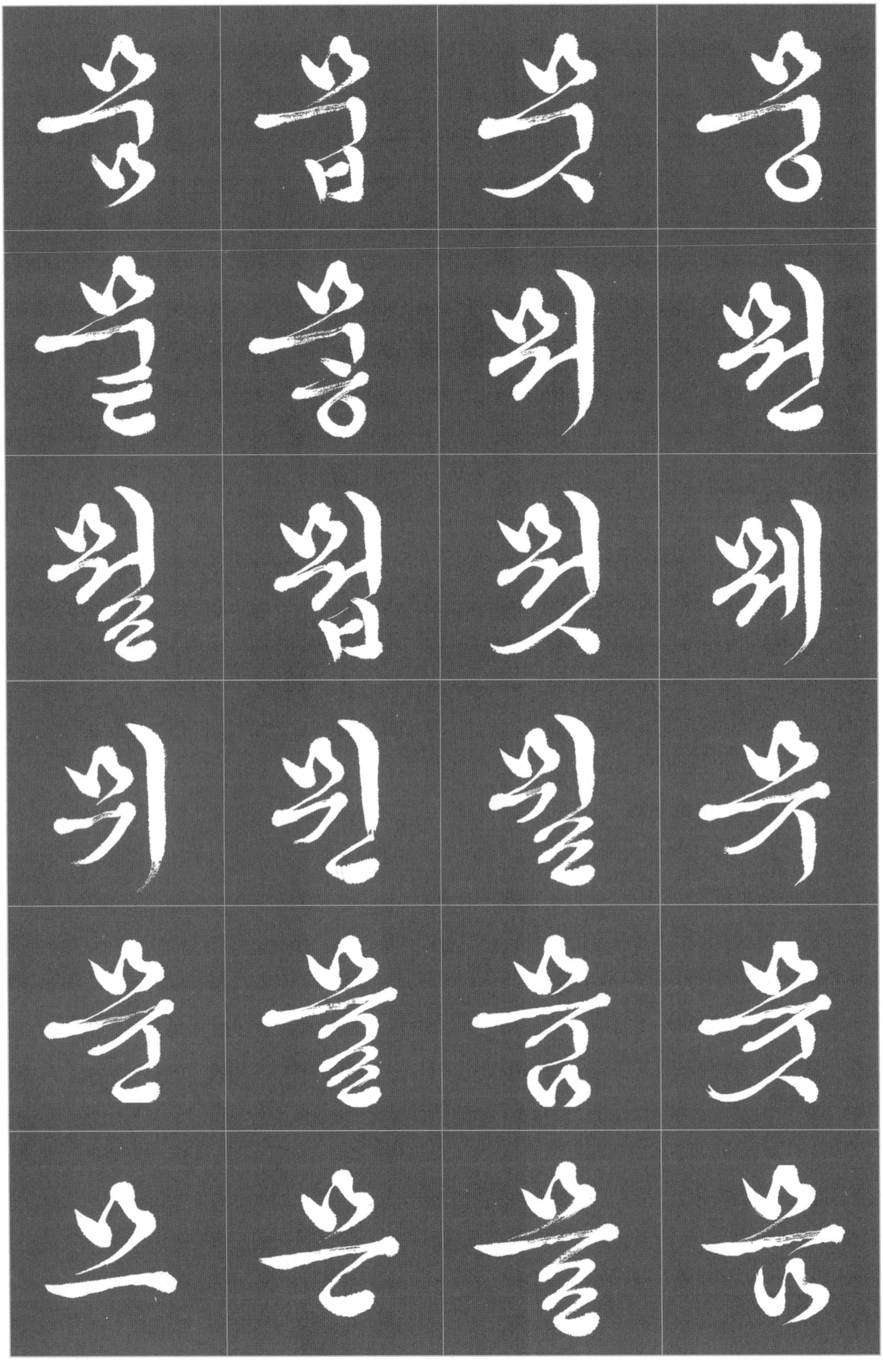

믓	미	믹	민
믿	밀	밂	밈
밉	밋	밌	밍
및	밑	바	박
밖	밗	반	받
발	밝	밞	밟

밤	밥	밧	방
밭	배	백	밴
밸	뱀	뱁	뱃
뱄	뱅	뱉	뱌
뱍	뱐	뱝	버
벅	번	벋	벌

벎	범	법	벗
벙	벚	베	벡
벤	벧	벨	벰
벱	벳	벴	벵
벼	벽	변	별
볍	볏	볐	병

볕	볘	볜	보
복	볶	본	볼
봄	봅	봇	봉
봐	봔	봤	봬
뵀	뵈	뵉	뵌
뵐	뵘	뵙	뵤

뵨	부	북	분
붇	불	붉	붊
붐	붑	붓	붕
붙	붚	붜	붤
붰	붸	뷔	뷕
뷘	뷜	뷩	뷰

뷴	뷸	븀	븃
븅	브	븍	븐
블	븜	븝	븟
비	빅	빈	빌
빎	빔	빕	빗
빙	빚	빛	빠

삑	삔	삘	삚
삠	삡	삣	삤
삥	삫	빼	빽
뺀	뺄	뺌	뺍
뺏	뺐	뺑	뺘
뺙	뺨	뻐	뻑

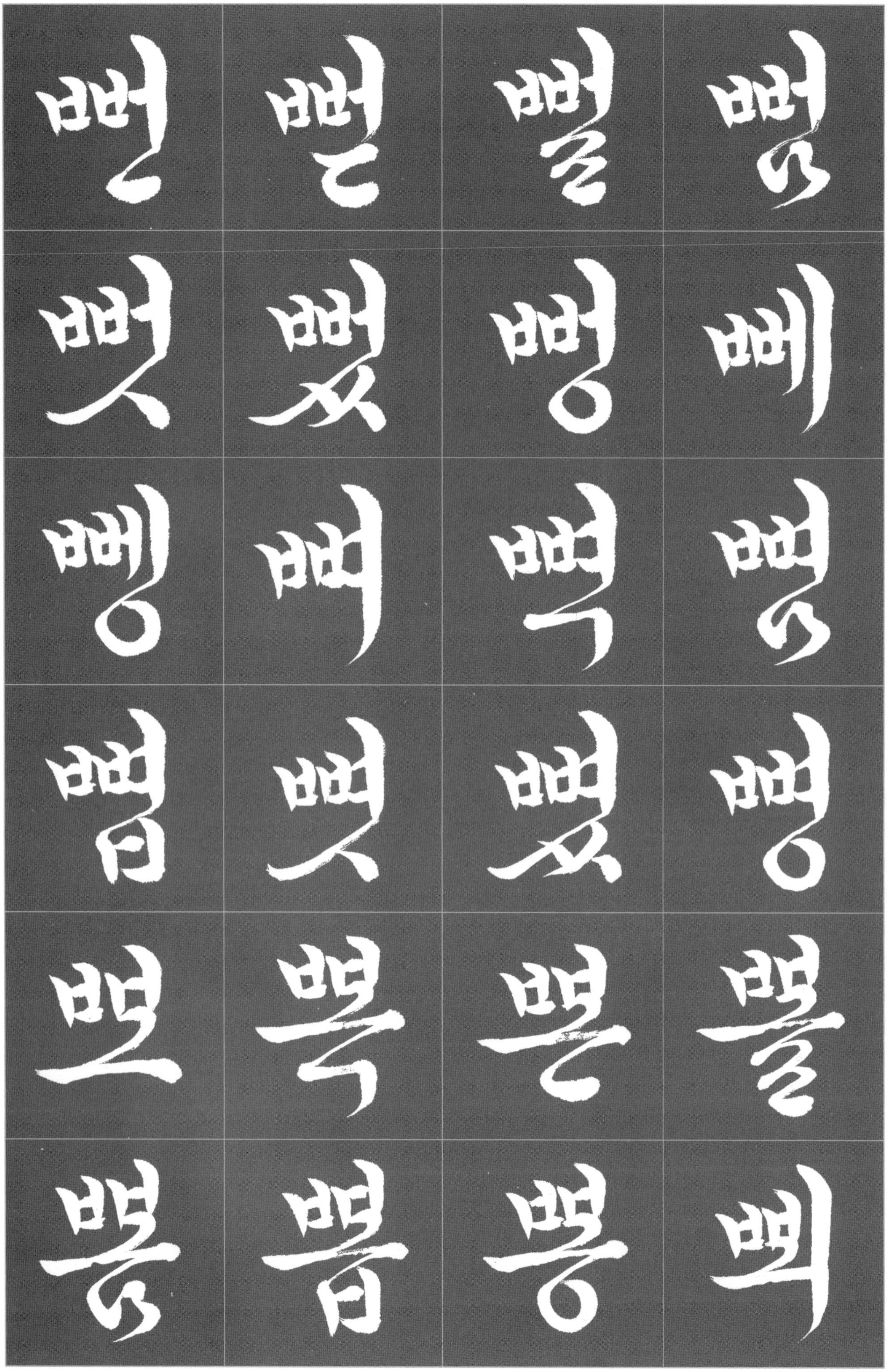
뻔 뻗 뻘 뻠
뻣 뻤 뻥 뻬
뼁 뼈 뼉 뼘
뼙 뼛 뼜 뼝
뽀 뽁 뽄 뽈
뽐 뽑 뽕 뾔

뾰	뿅	뿌	뿍
뿐	뿔	뿜	뿟
뿡	쀼	쁑	쁘
쁜	쁠	쁨	쁩
삐	삑	삔	삘
삠	삡	삣	삥

사	삭	삯	산
삳	살	삵	삶
삼	삽	삿	샀
상	샅	새	색
샌	샐	샘	샙
샛	샜	생	샤

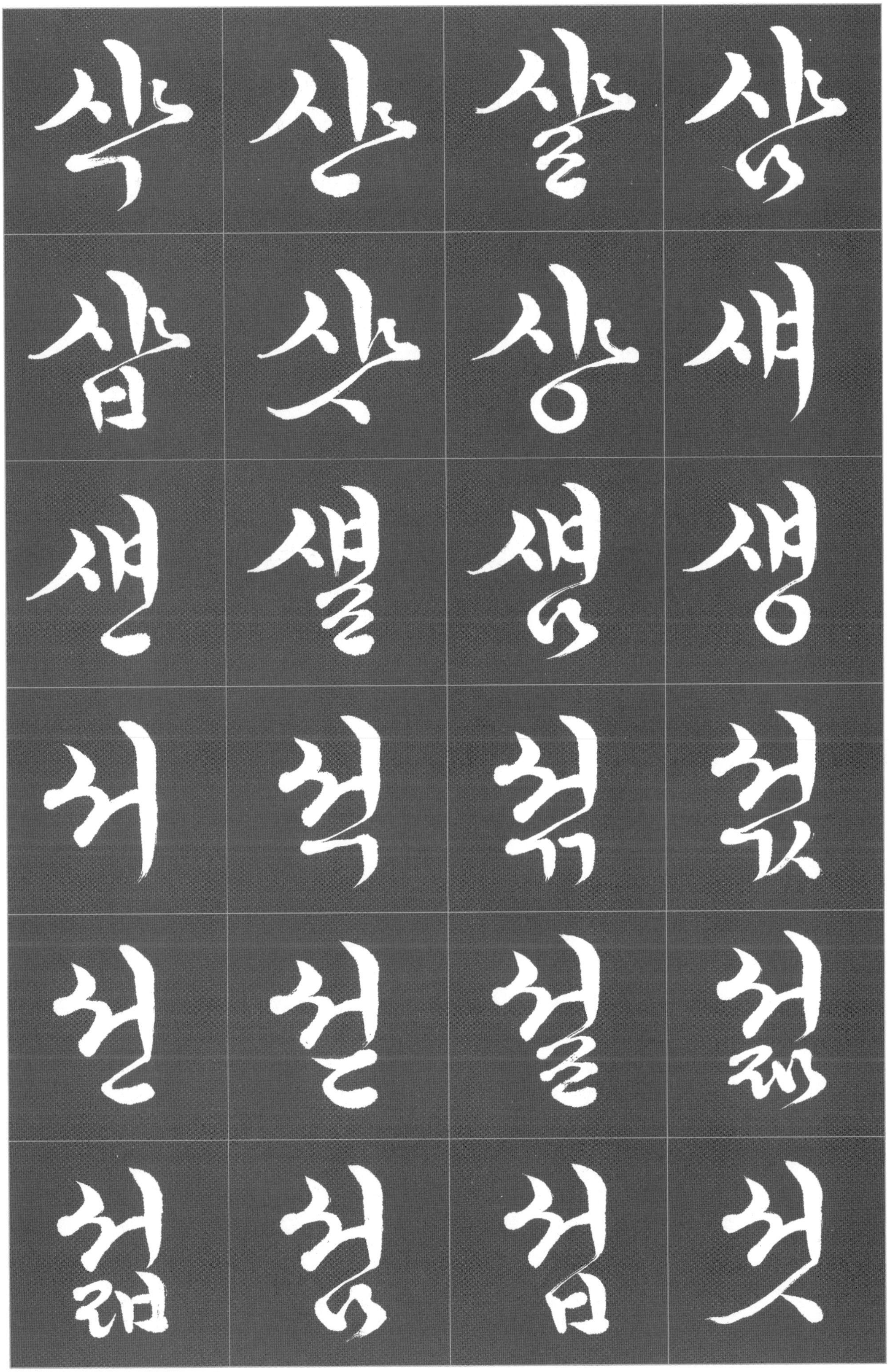
삭 산 살 삼
삽 삿 상 새
샌 샐 샘 생
서 석 섞 섟
선 섣 설 섦
섧 섬 섭 섯

섰	성	설	세
섹	센	셀	셈
셉	셋	셌	셍
셔	셕	션	셜
셤	셥	셧	셨
셩	셰	셴	셸

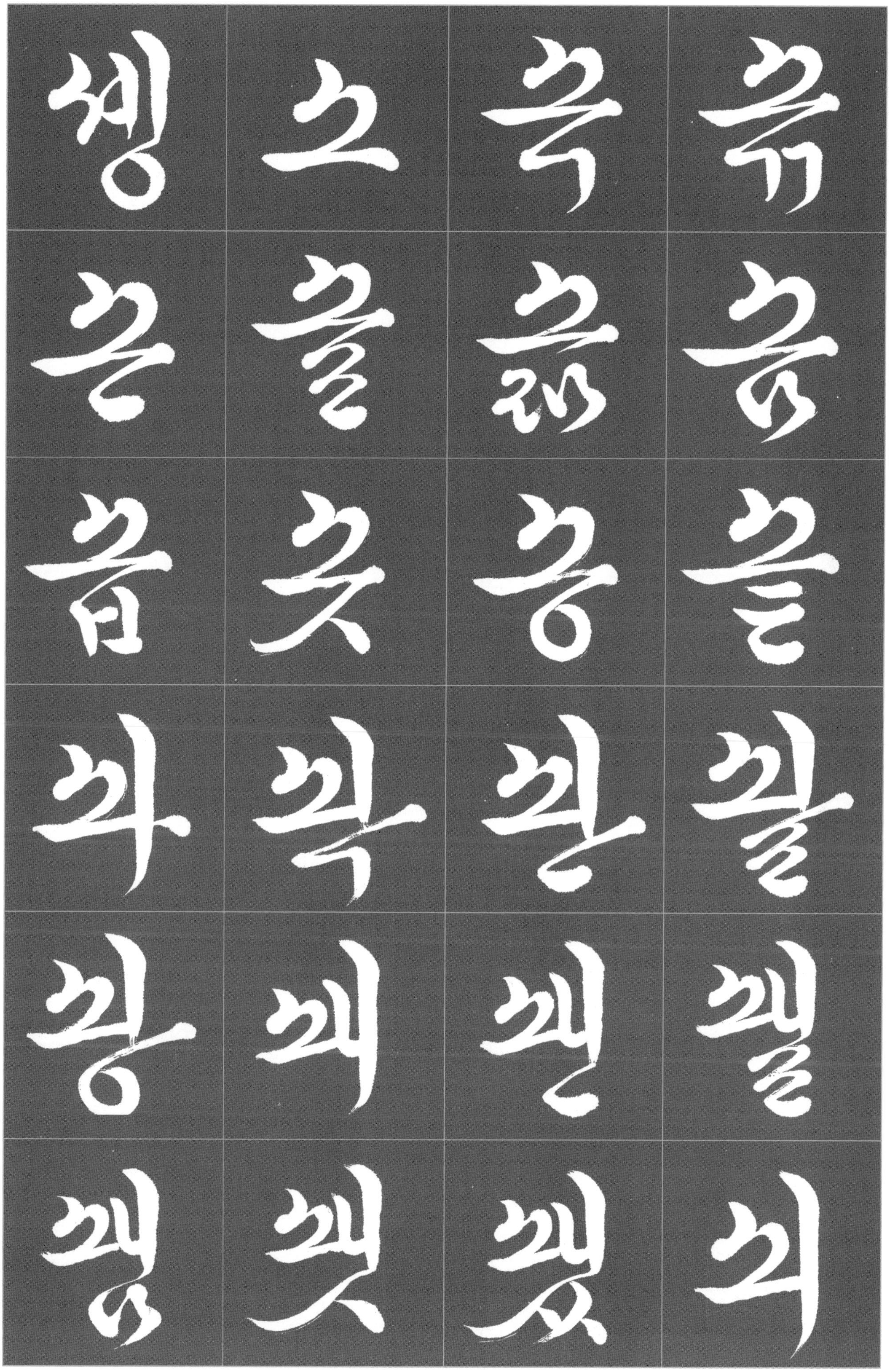

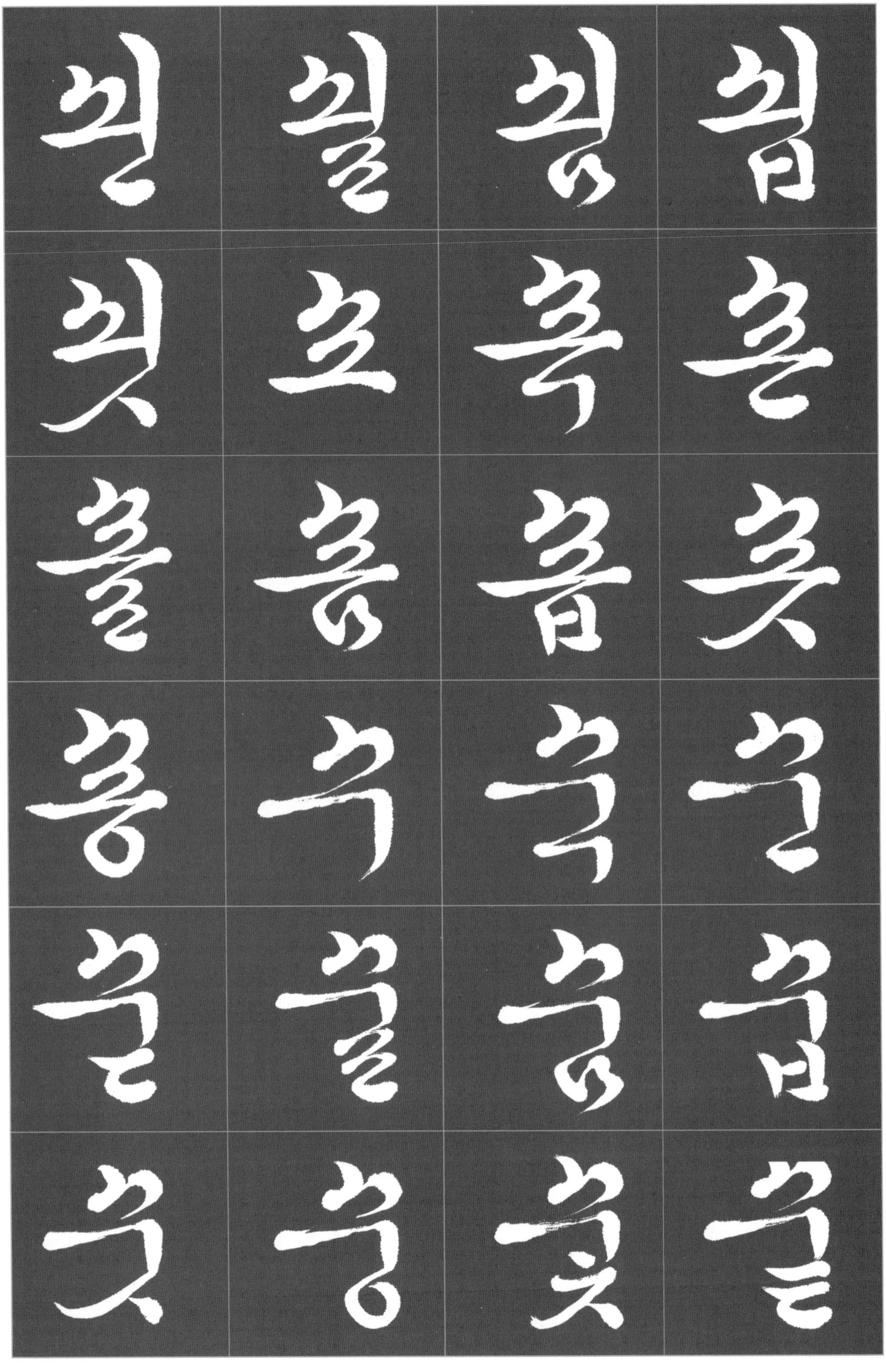

숲	숴	쉈	쉐
쉑	쉔	쉘	쉠
쉥	쉬	쉭	쉰
쉴	쉼	쉽	쉿
슁	슈	슉	슐
슘	슛	슝	스

윽	은	을	읽
읊	읍	읏	응
시	식	신	싣
실	싫	심	십
싯	싱	싶	싸
싹	싻	싼	쌀

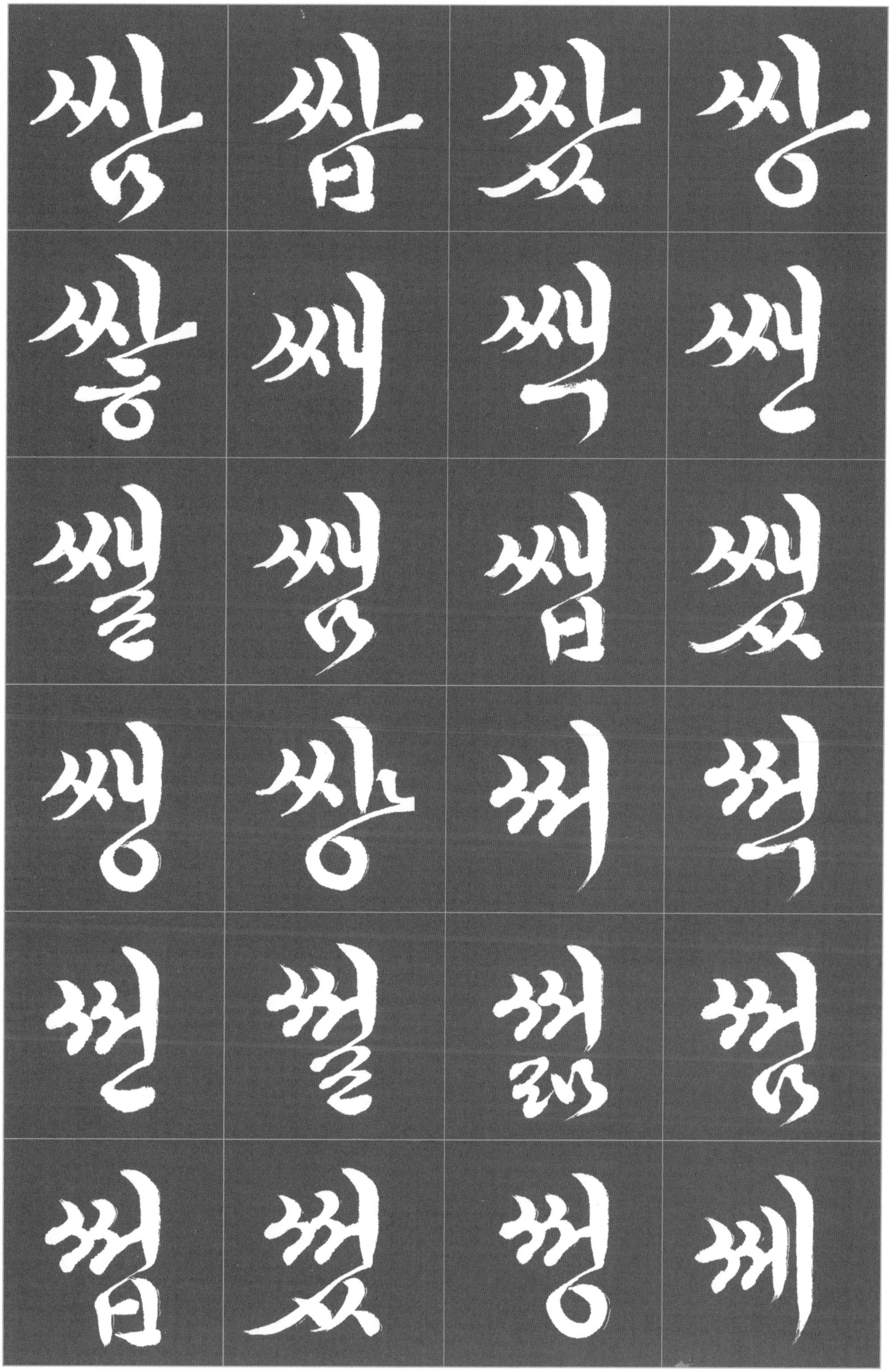

쌈 쌉 쌌 쌍
쌓 쌔 쌕 쌘
쌜 쌤 쌥 쌨
쌩 썅 써 썩
썬 썰 썲 썸
썹 썼 썽 쎄

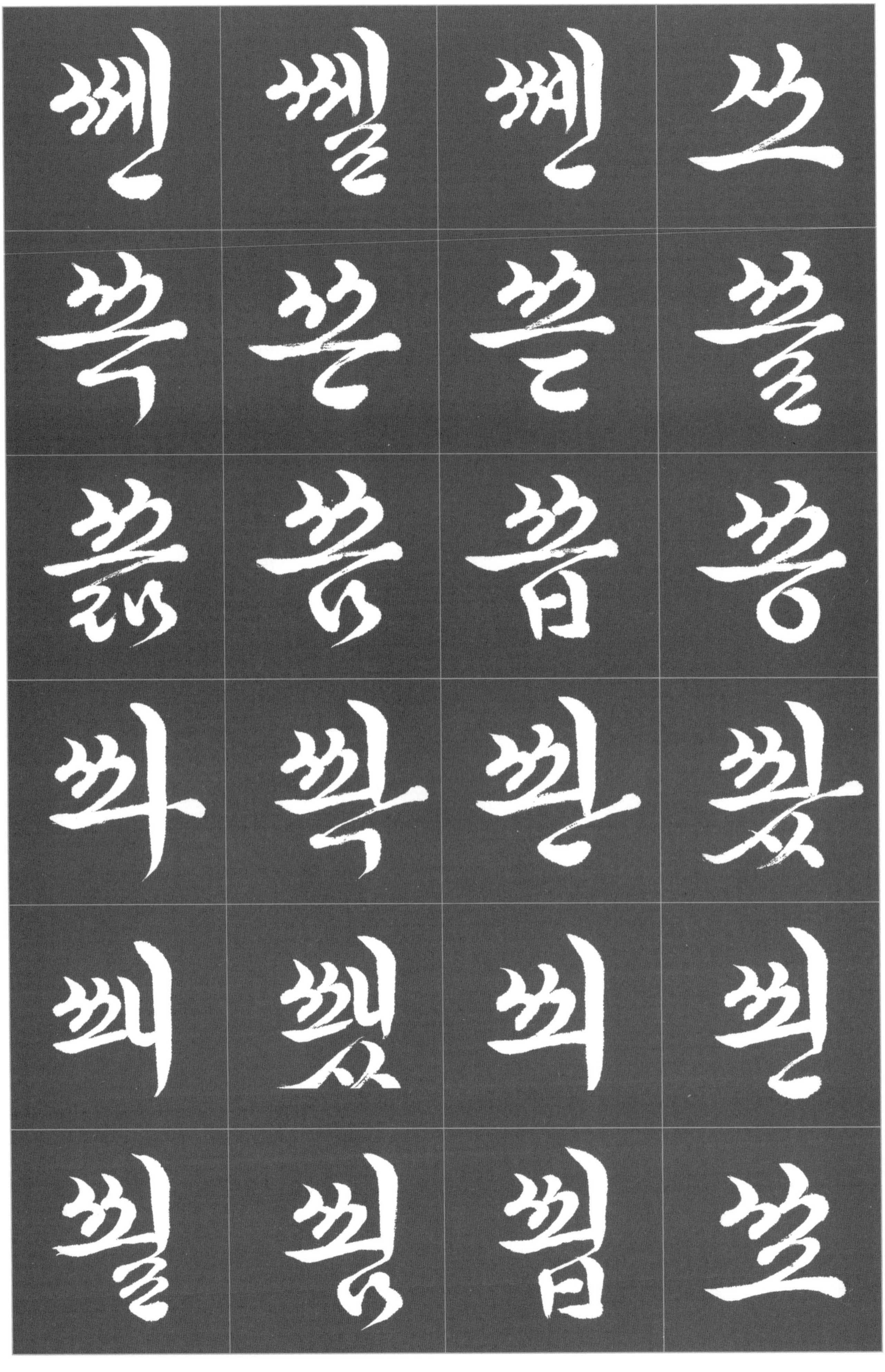

쑤	쑥	쑨	쑬
쑴	쑵	쑹	쒀
쒔	쒜	쒸	쒼
쓩	쓰	쓱	쓴
쓸	쓺	쓿	씀
씁	씌	씐	씔

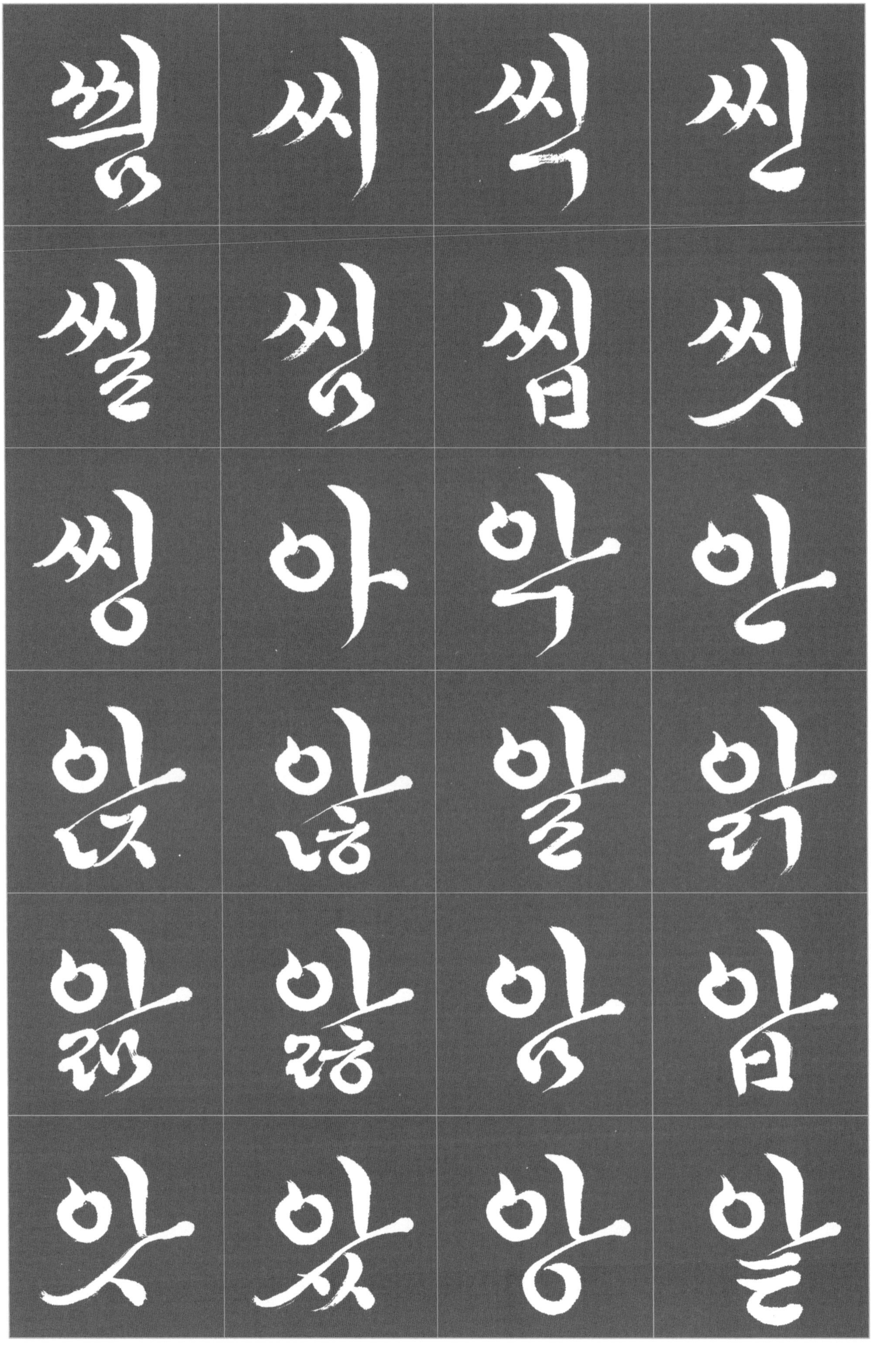
씜 씨 씩 씬
씰 씸 씹 씻
씽 아 악 안
앉 않 알 앍
앎 앓 암 압
앗 았 앙 앞

앞	애	액	앤
앨	앰	앱	앳
앴	앵	야	약
얀	얄	얇	얌
얍	얏	양	얕
얗	얘	얜	얠

얩	어	억	언
얹	얻	얼	얽
얾	엄	업	없
엇	었	엉	엊
엌	엎	에	엑
엔	엘	엠	엡

엇	엉	여	역
엮	연	열	엶
엷	염	엽	엾
엿	였	영	옅
옆	옇	예	옌
옐	옘	옙	옛

옜	오	옥	온
올	옭	옮	옰
옳	옴	옵	옷
옹	옻	와	왁
완	왈	왐	왑
왓	왔	왕	왜

왝	왠	왬	왯
왱	외	왹	왼
욀	욈	욉	욋
욍	요	욕	욘
욜	욤	욥	욧
용	우	욱	운

울	욹	욺	움
웁	웃	웅	워
웍	원	월	웜
웝	웠	웡	웨
웩	웬	웰	웸
웹	웽	위	윅

윈	윌	윔	윕
윗	윙	유	육
윤	율	윰	윱
윳	융	윷	으
윽	은	을	읊
음	읍	읏	응

읒	읓	읔	읕
읖	읗	의	읜
읠	읨	읫	이
익	인	일	읽
읾	잃	임	입
잇	있	잉	잊

일	자	작	잔
잖	잗	잘	잚
잠	잡	잣	잤
장	잦	재	잭
잰	잴	잼	잽
잿	쟀	쟁	쟈

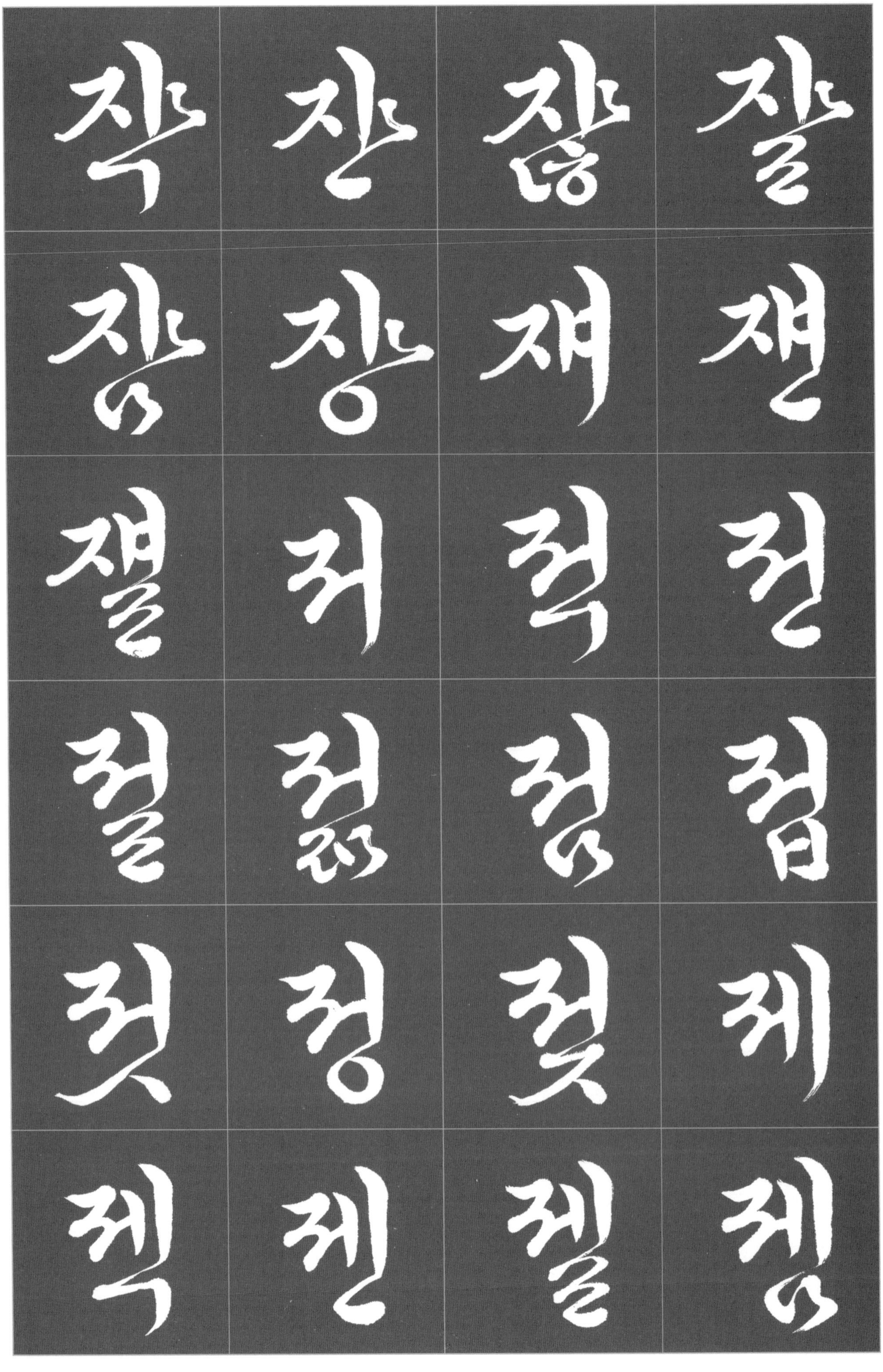
작 잔 잖 잘
잠 장 재 잰
잴 저 적 전
절 젊 점 접
젓 정 젖 제
젝 젠 젤 젬

젭	젯	젱	져
젼	졀	졈	졉
졌	졍	졔	조
족	존	졸	졺
좀	좁	좃	종
좆	좇	좋	좌

착	찰	찹	찻
창	채	챘	챙
처	천	철	첨
첩	첫	청	초
촉	촐	총	추
축	춘	출	춤

줆	줌	줍	줏
중	줘	줬	줴
쥐	쥑	쥔	쥘
쥠	쥡	쥣	쥬
쥰	쥴	쥼	즈
즉	즌	즐	즘

즙	즛	증	지
직	진	짇	질
짊	짐	집	짓
징	짖	짙	짚
짜	짝	짠	짢
짤	짧	짬	짭

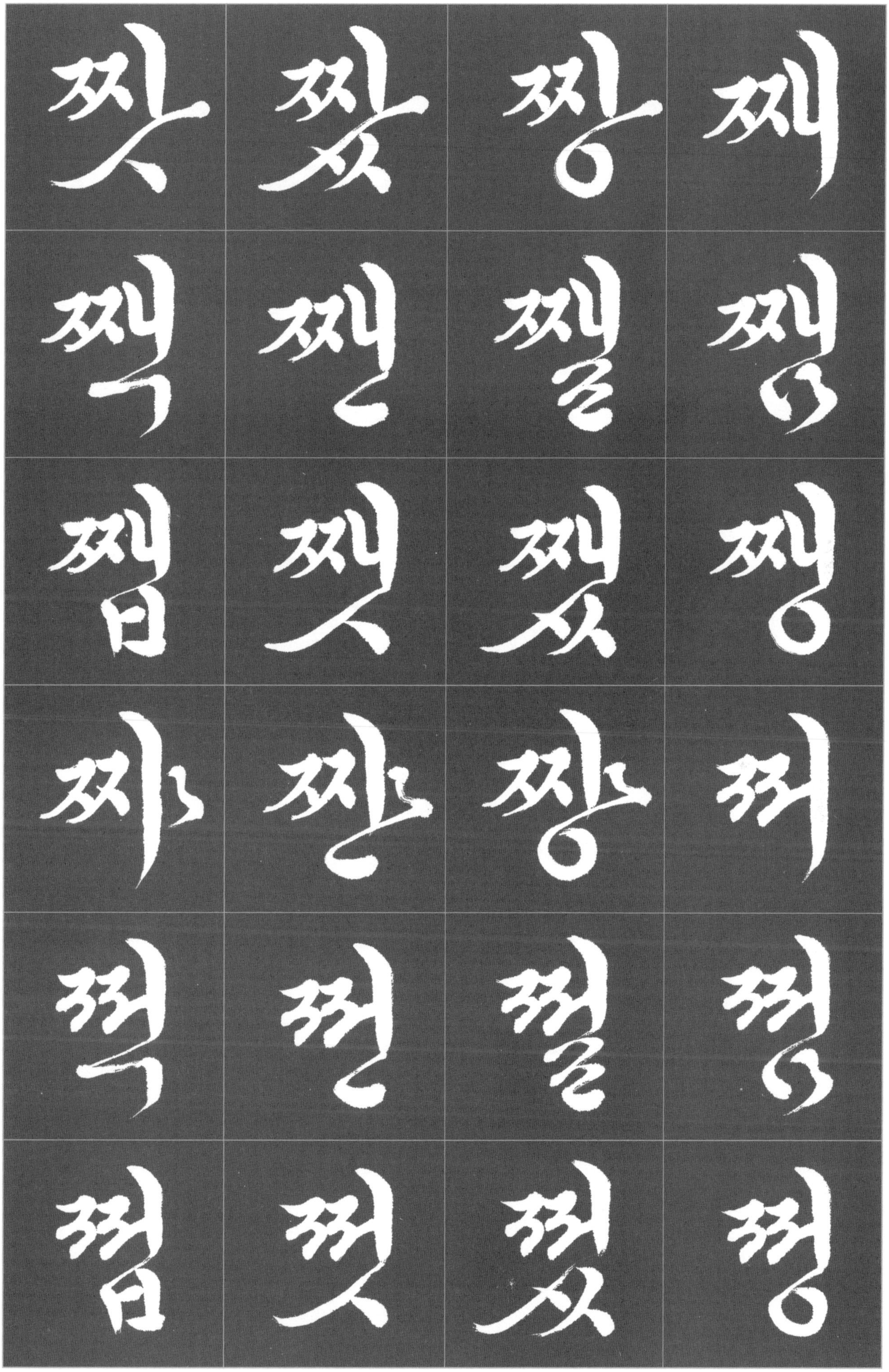
찟 찢 찡 째
짹 짼 쨀 쨈
쨉 쨋 쨌 쨍
쨔 쨘 쨩 쩌
쩍 쩐 쩔 쩜
쩝 쩟 쩠 쩡

쩨	쩽	쪄	쪘
쪼	쪽	쫀	쫄
쫌	쫍	쫏	쫑
쫓	쫘	쫙	쫠
쫬	쫴	쬈	쬐
쬔	쬘	쬠	쬡

쭁	쭈	쭉	쭌
쭐	쭘	쭙	쭝
쭤	쭸	쭹	쮜
쮸	쯔	쯤	쯧
쯩	찌	찍	찐
찔	찜	찝	찡

찢	찡	차	착
찬	찮	찰	참
찹	찻	찼	창
찾	채	책	챈
챌	챔	챕	챗
챘	챙	챠	챤

찮	찰	참	창
처	척	천	철
첨	첩	첫	첬
청	체	첵	첸
첼	쳄	쳅	쳇
쳉	쳐	쳔	쳤

취	췰	췽	초
측	츤	츨	츰
츱	츳	층	츼
친	칠	칭	치
친	칠	침	칩
칫	칭	초	츰

추	축	춘	출
춤	춥	춧	충
춰	췄	췌	췐
취	췬	췰	췸
췹	췻	췽	츄
츈	츌	츔	츙

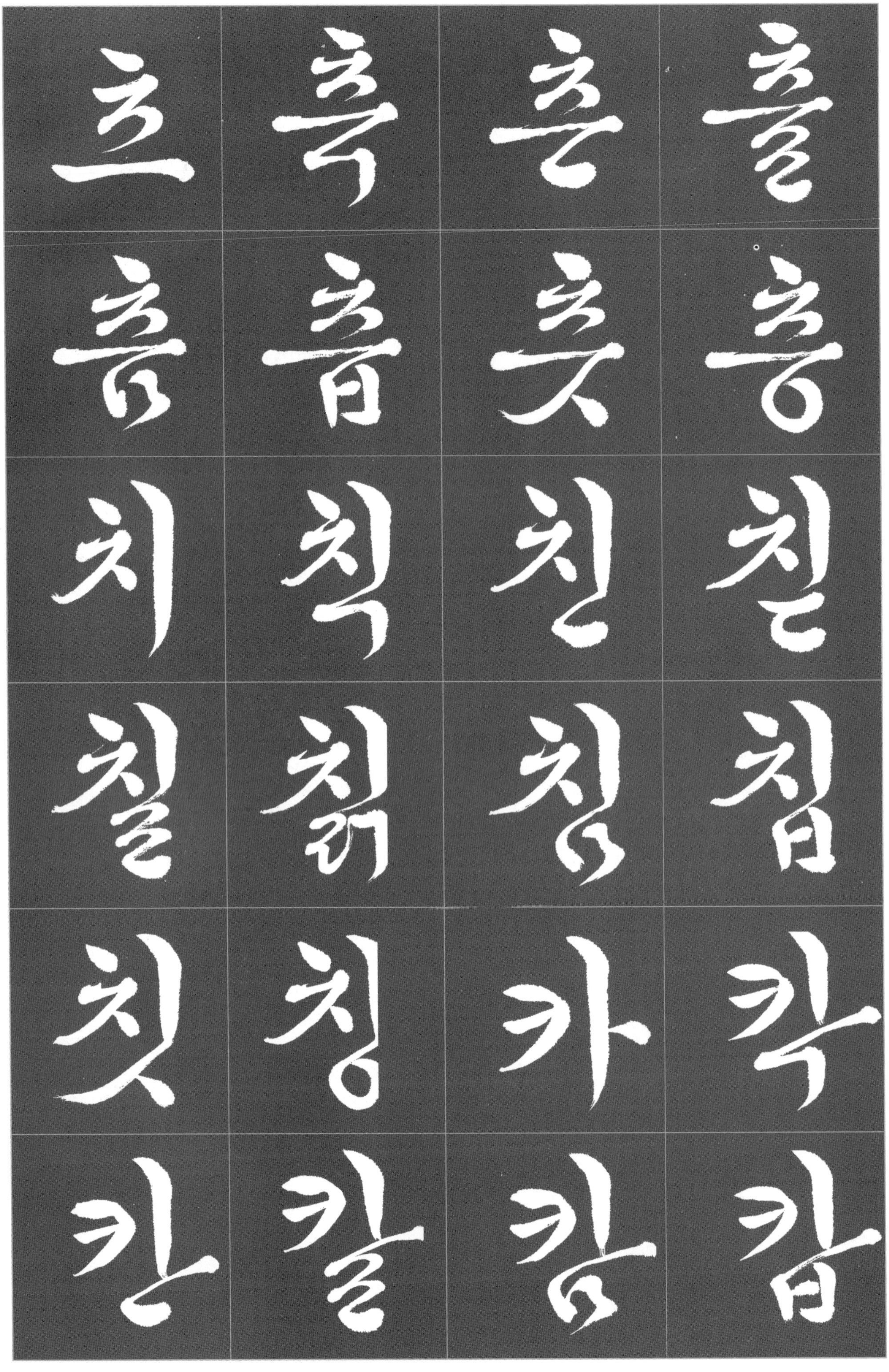
흐 흑 흔 흘
흠 흡 흣 흥
치 칙 친 칟
칠 칡 침 칩
칫 칭 카 칵
칸 칼 캄 캅

캇	캉	캐	캑
캔	캘	캠	캡
캣	캤	캥	캬
캭	컁	커	컥
컨	컫	컬	컴
컵	컷	컸	컹

케	켁	켄	켈
켐	켑	켓	켕
켜	켠	켤	켬
켭	켯	켰	켱
켸	코	콕	콘
콜	콤	콥	콧

콩	콰	콱	콴
콸	쾀	쾅	쾌
쾡	쾨	쾰	쿄
쿠	쿡	쿤	쿨
쿰	쿱	쿳	쿵
쿼	퀀	퀄	퀑

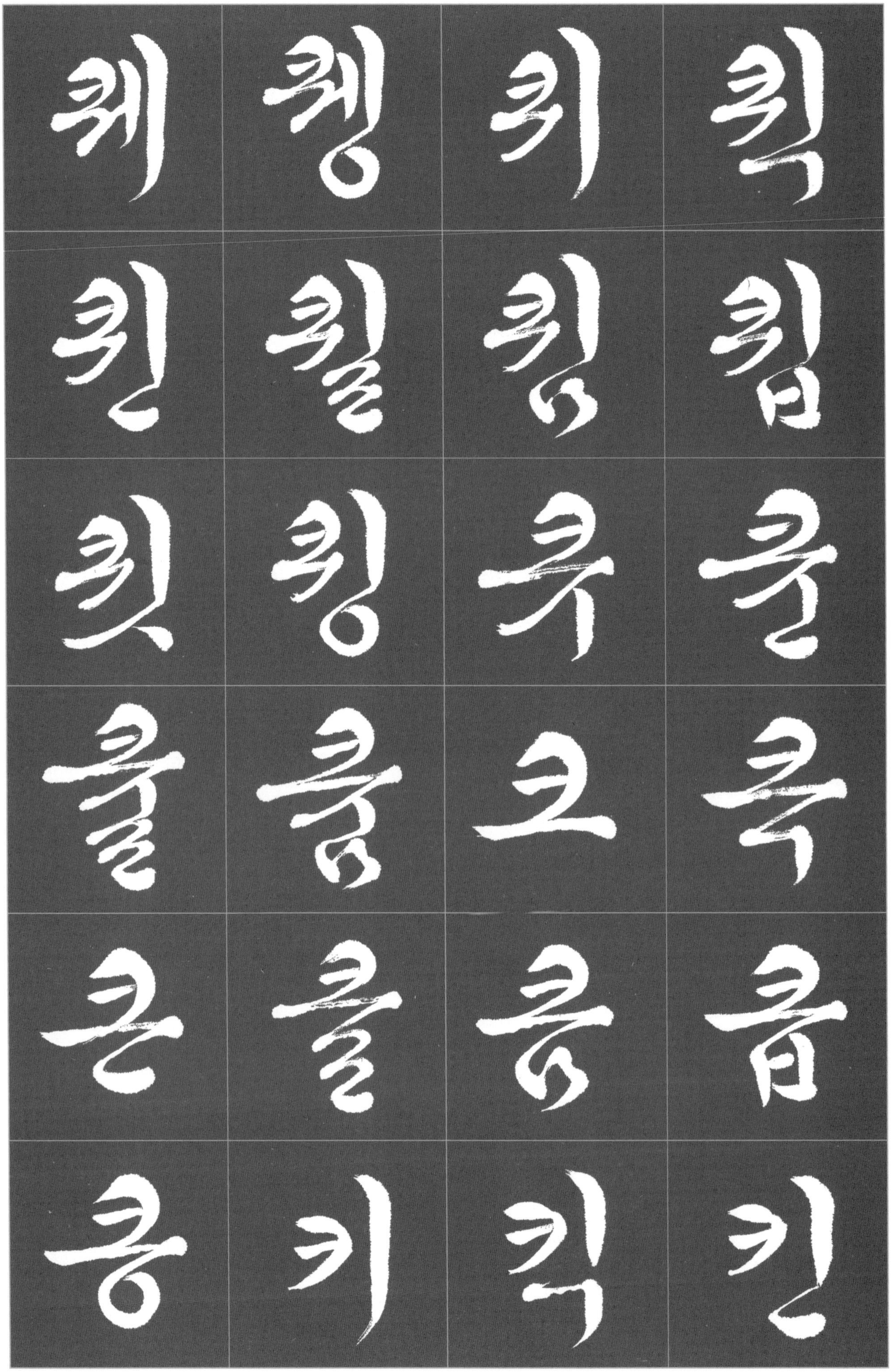
퀘 퀭 퀴 퀵
퀸 퀼 큄 큅
큇 큉 큐 큔
큘 큠 크 큭
큰 클 큼 큽
킁 키 킥 킨

킬	킴	킵	킷
킹	타	탁	탄
탈	탉	탐	탑
탓	탔	탕	태
택	탠	탤	탬
탭	탯	탰	탱

햐	향	허	헉
헌	헐	헒	험
헙	헛	헜	헝
헤	헥	헨	헬
헴	헵	헷	헹
혀	현	혔	혜

혠	호	혹	혼
홀	홈	홉	홋
홍	홑	화	환
홰	회	횐	횟
횡	효	후	훅
훈	훌	훔	훕

툿	퉁	퉈	퉜
퉤	튀	튁	튄
튈	튐	튑	튕
튜	튠	튤	튬
튱	트	특	튼
튿	틀	틂	틈

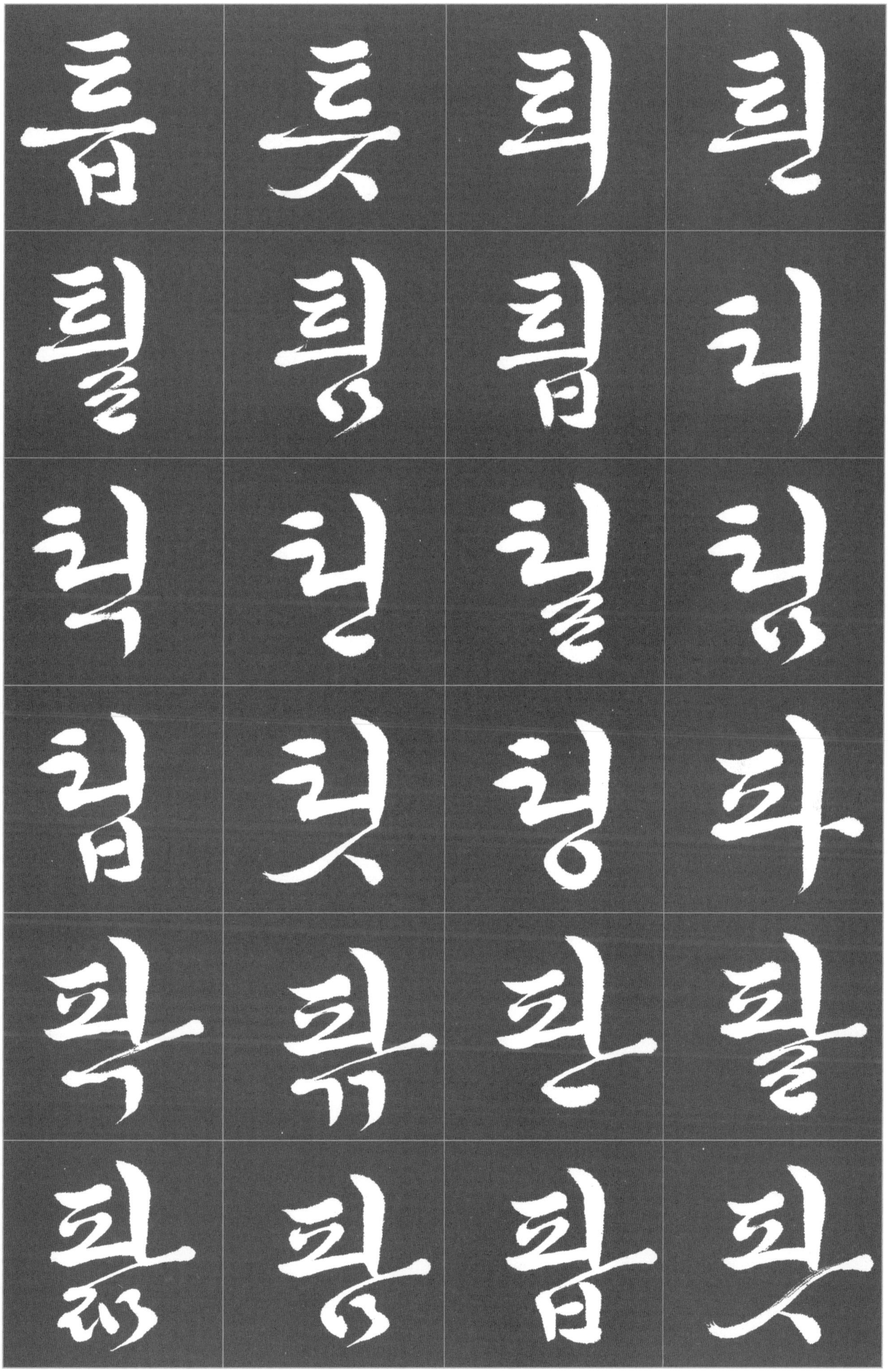
틉 틋 틔 틘
틜 틤 틥 티
틱 틴 틸 팀
팁 팃 팅 파
팍 팎 판 팔
팖 팜 팝 팟

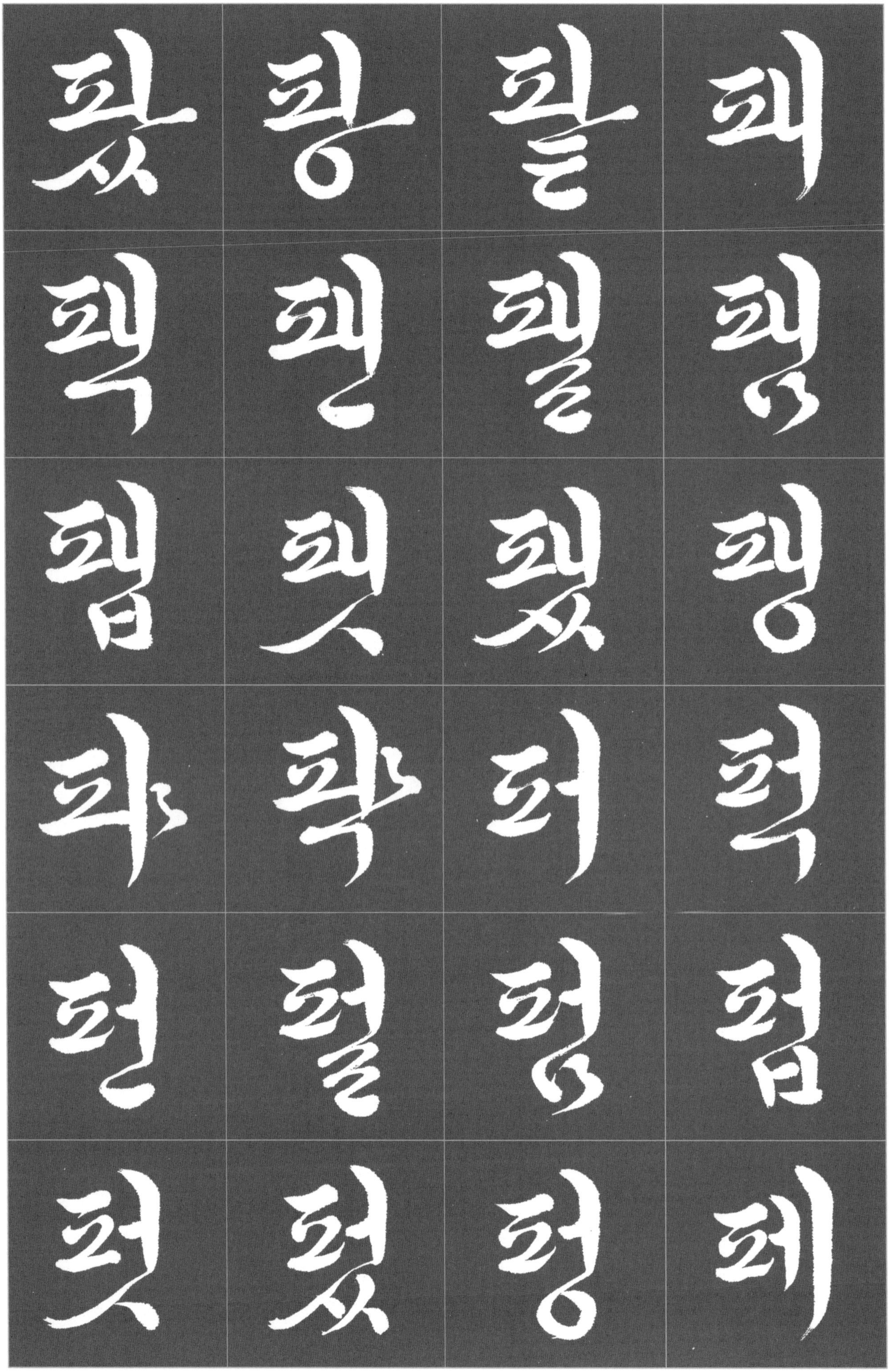

펙	펜	펠	펨
펩	펫	펭	펴
편	펼	폄	폅
폈	평	폐	폘
폡	폣	포	폭
폰	폴	폼	폽

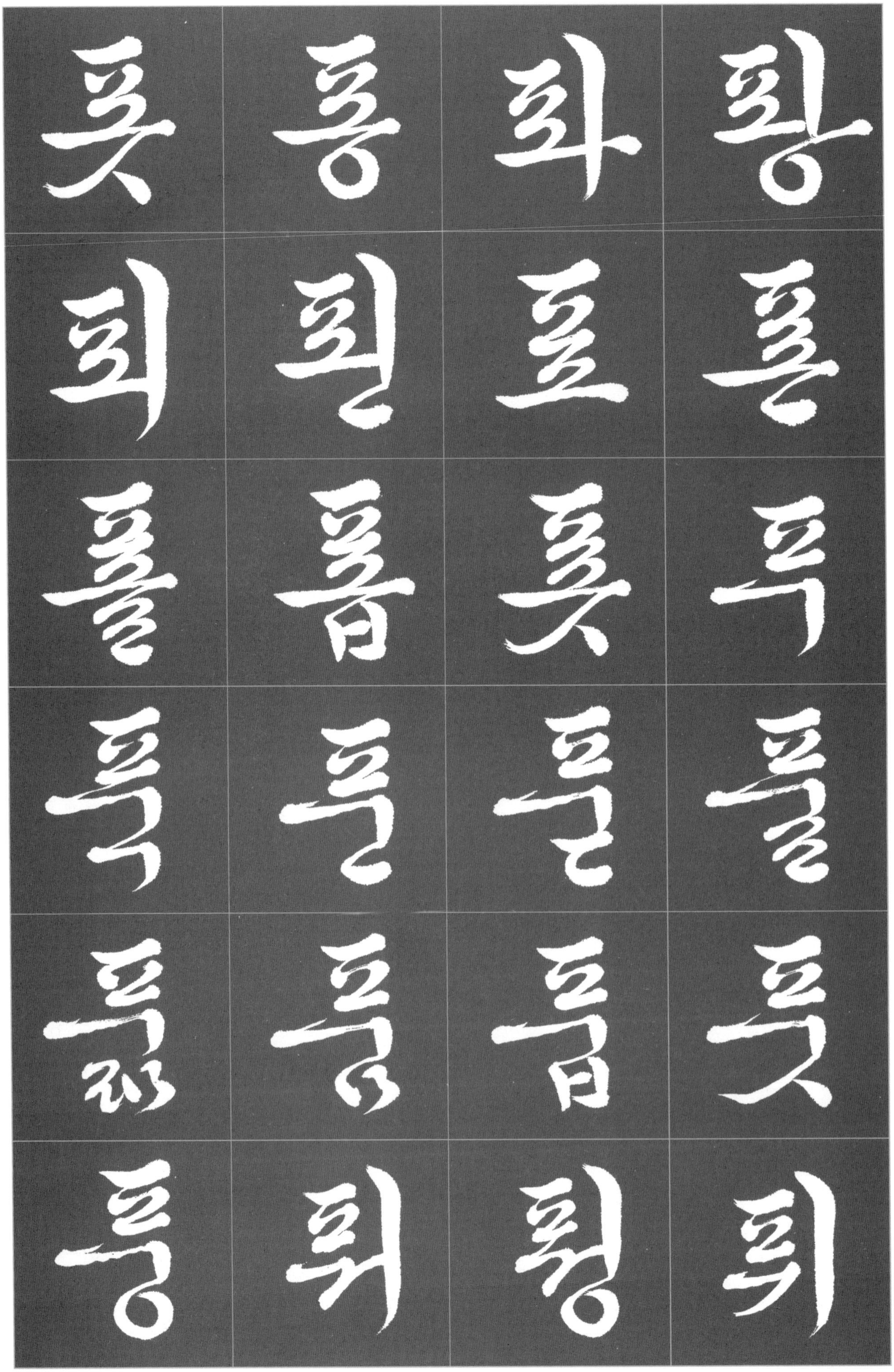

휜	휠	휨	휫
휴	휸	휼	흄
흇	흉	흐	흔
흘	흠	흡	흣
히	힉	힌	힐
힘	힙	힛	힝

하	학	한	할
핥	함	합	핫
항	해	핵	핸
핼	햄	햅	햇
했	행	햐	향
허	헉	헌	헐

헒	험	헙	헛
헝	헤	헉	헌
헐	험	헙	헛
헝	허	헉	헌
헐	험	헙	헛
헛	헝	헤	헌

혤	협	호	혹
혼	홀	홅	홈
홉	홋	홍	홑
화	확	환	활
홧	황	홰	홱
홴	횃	횅	회

획	횐	횔	횝
횟	횡	효	흔
흘	흡	흣	흑
훅	훈	훌	훑
훓	훗	훙	훠
훤	훨	훰	훵

휘	휙	휜	휠
휭	휴	휵	휸
휼	흄	흅	흇
흉	흑	흙	흔
흘	흝	흣	흥
흐	흑	흔	흖

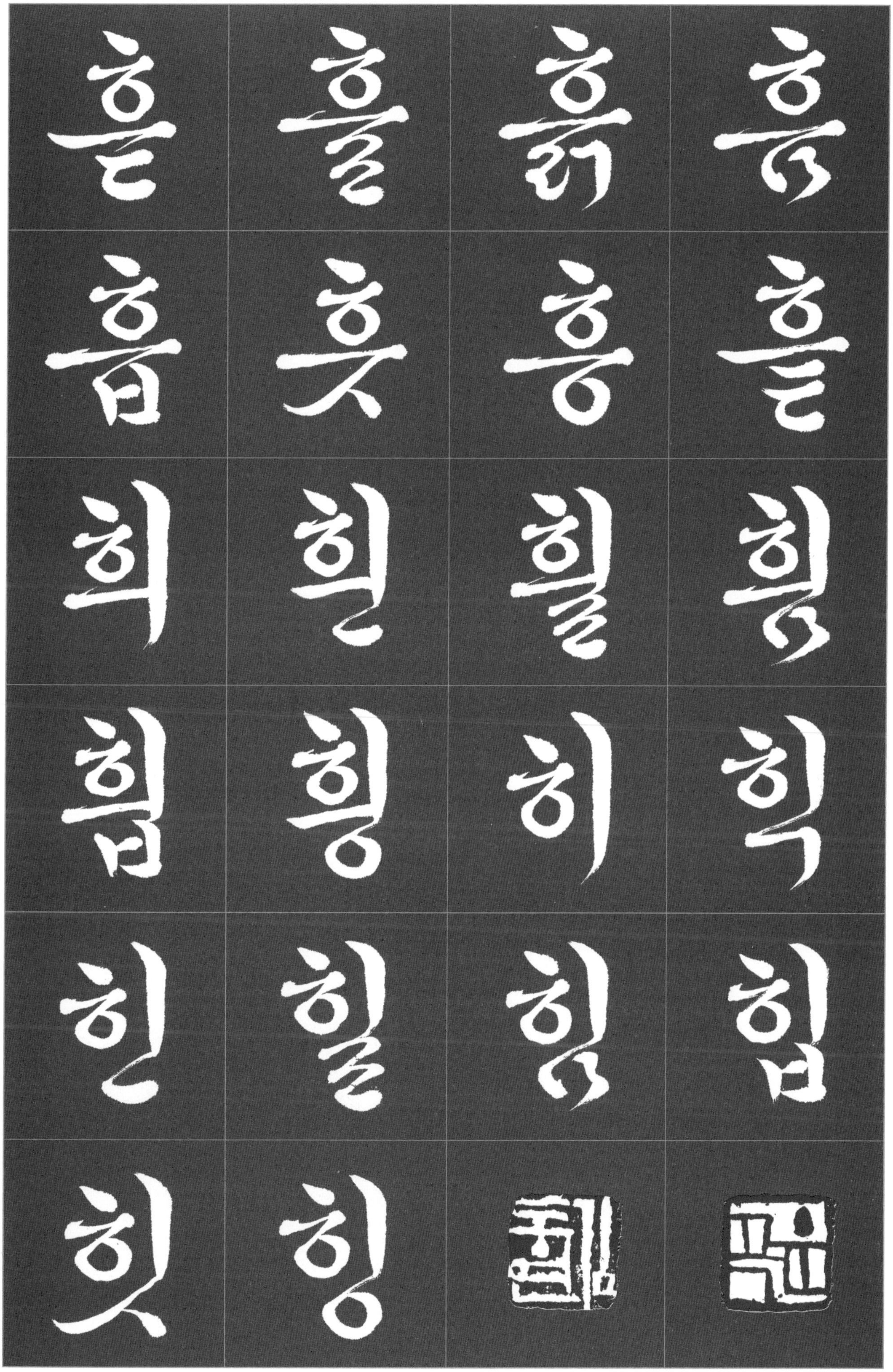
흔 흘 흙 흠
흡 흣 흥 흩
희 흰 흴 흼
흽 힁 히 힉
힌 힐 힘 힙
힛 힝

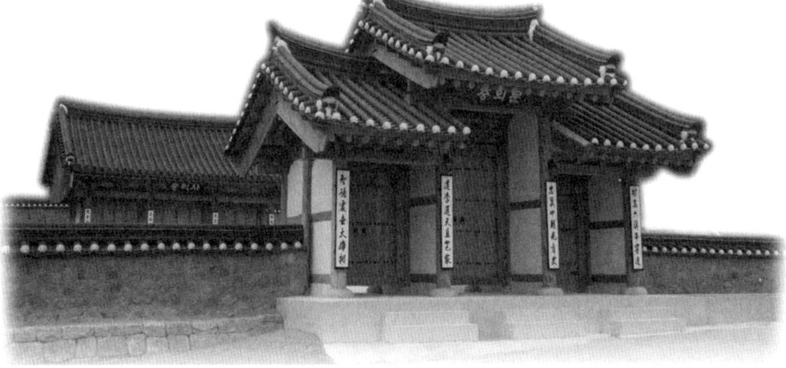

충의문

참고자료

편액문, 금석문, 고문자 등의
다양한 품격으로 표현되는
여러 제재와 형식을 참고할 수 있는

화셜 됴ᄂᆞᆼ산 회셔 사ᄂᆞᆫ 난셩의 ᄌᆞᄂᆞᆫ 허쳔이니 ᄌᆞᆸ복친 난ᄉᆞ원
집이 빈궁ᄒᆞ올 ᄂᆞᆫ 조ᄎᆞ ᄉᆞ촌이 업ᄉᆞ니 일ᄉᆞᆫ을 구쳐 누실
거ᄉᆞ려 우연 ᄒᆞᆫ 관왈 대ᄉᆞᆼ 뫼 쳐세 ᄒᆞ여 남 신 양 명 치 ᄉᆞᆼ
지라 ᄯᅢ 평ᄒᆞ여 상 ᄒᆞᆫᄒᆞ여 간쿠ᄒᆞ다 장이 므ᄉᆞᆯ블
납ᄒᆞ샤 ᄉᆡᆼ니 져주ᄒᆞ샤 ᄂᆞᆫ 쳔ᄒᆞ라 ᄒᆞ시니 능히 ᄒᆞ올
일업셔 이 ᄂᆞᆷ ᄯᅢ 욕으로 은 회올나 ᄉᆞᆯ의 평강의다
국 연 낙 이 마 츰 니 변 ᄀᆞᆯ 이 업 ᄉᆞ 니 ᄇᆡᆨ 셩 이
난 을 ᄉᆡᆼ 각 ᄒᆞ 야 편 히 도 현 ᄒᆞᆫ 인 심 이 흥
흉 ᄒᆞᆫ 비 도 젹 이 쳐 쳐 의 봉 긔 ᄒᆞ 야 각 각 왕
의ᄅᆞᆯ 의례ᄒᆞ여 거됭ᄒᆞ라 ○ 주졍하 령ᄒᆞ여 ᄀᆞᆯ오
셰쉬 진ᄌᆡᆨᄒᆞ옵실ᄯᅢ의 쓰옵ᄂᆞᆫ바 어즘화 ᄉᆞ쟝과
ᄉᆞ쇼화 일쟝과 셜ᄒᆞ야 챵녀 셩의 쇡ᄭᅳᆺ ᄂᆞᆫ ᄲᅡ ᄒᆡᆼ ᄀᆞᆼ화ᄉᆞ

아디신[아여] 숙션 믈라나의 보기올 더러오셔이라 돌이

뵈ᄋᆞᆸᄂᆞᆫ 보ᄅᆞᆷ이 뵈ᄋᆞᆸ 동흥 방울어이 허쇠[ᄉᆞ] 니ᄂᆡ시오

두쇠여 풍너른 너부러 치ᄋᆞ 셕[의] 나여가은 졍이 견친

원의 졀ᄅᆞᆯ 연ᄒᆞᄋᆞᆸ시비ᄅᆞᆺ다 ᄇᆡᆨ언이라도 이ᄅᆞᆸ 참

ᄒᆞᆫ 기ᄅᆞᆯ 쥐ᄒᆞ야 ᄭᅳᆫ 녕이 ᄭᅳᆫ 져 ᄉᆞᆺ 초ᄉᆞ자 ᄒᆞ셰

ᄅᆞ 빗권ᄒᆞᄋᆞᆸ시 님 빅녕의 복인이 머리ᄅᆞᆯ 숙

녕이 쳑혼도 익되ᄒᆞ오신 중이 업ᄉᆞ니 고ᄒᆞᆫ 오라

쟈쇠 빅이와 태 빅의 붓 그셔ᄃᆡ 아닌 ᄒᆞ오신

운와 지쥐와 숙쳔ᄒᆞ오샤 원에 거ᄒᆞ오시 ᄯᅢ 쥐왕

봀더라 공쥬쎄 셔근의 부친 숙빈 방ᄒᆞᆯ이

어ᄇᆡ시거 놀누구 둥방산의 여장ᄒᆞᆫ 다나ᄒᆞᆯ

다여ᄉᆞ셔ᄅᆞᆫ의 놀며 희ᄌᆞᆼᄒᆞ시ᄂᆞᆯ 제 ᄢᅴ 앙ᄌᆞ로 ᄒᆞᆯ

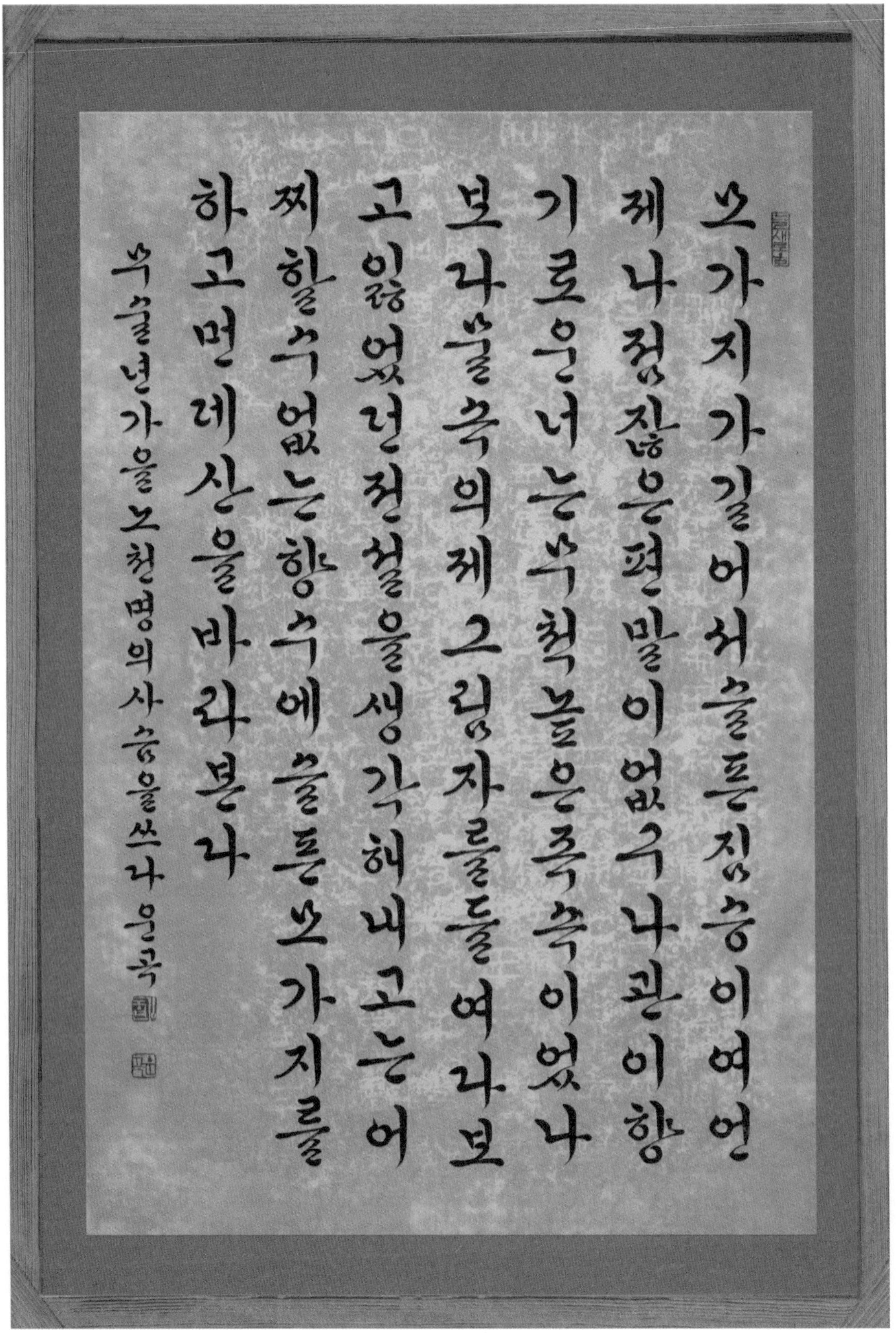
모가지가 길어서 슬픈 짐승이여 언제나 점잖은 편 말이 없구나 관이 향기로운 너는 무척 높은 족속이었나보다 물 속의 제 그림자를 들여다보고 잃었던 전설을 생각해내고는 어찌할 수 없는 향수에 슬픈 모가지를 하고 먼 데 산을 바라본다
무술년 가을 노천명의 사슴을 쓰다 운곡

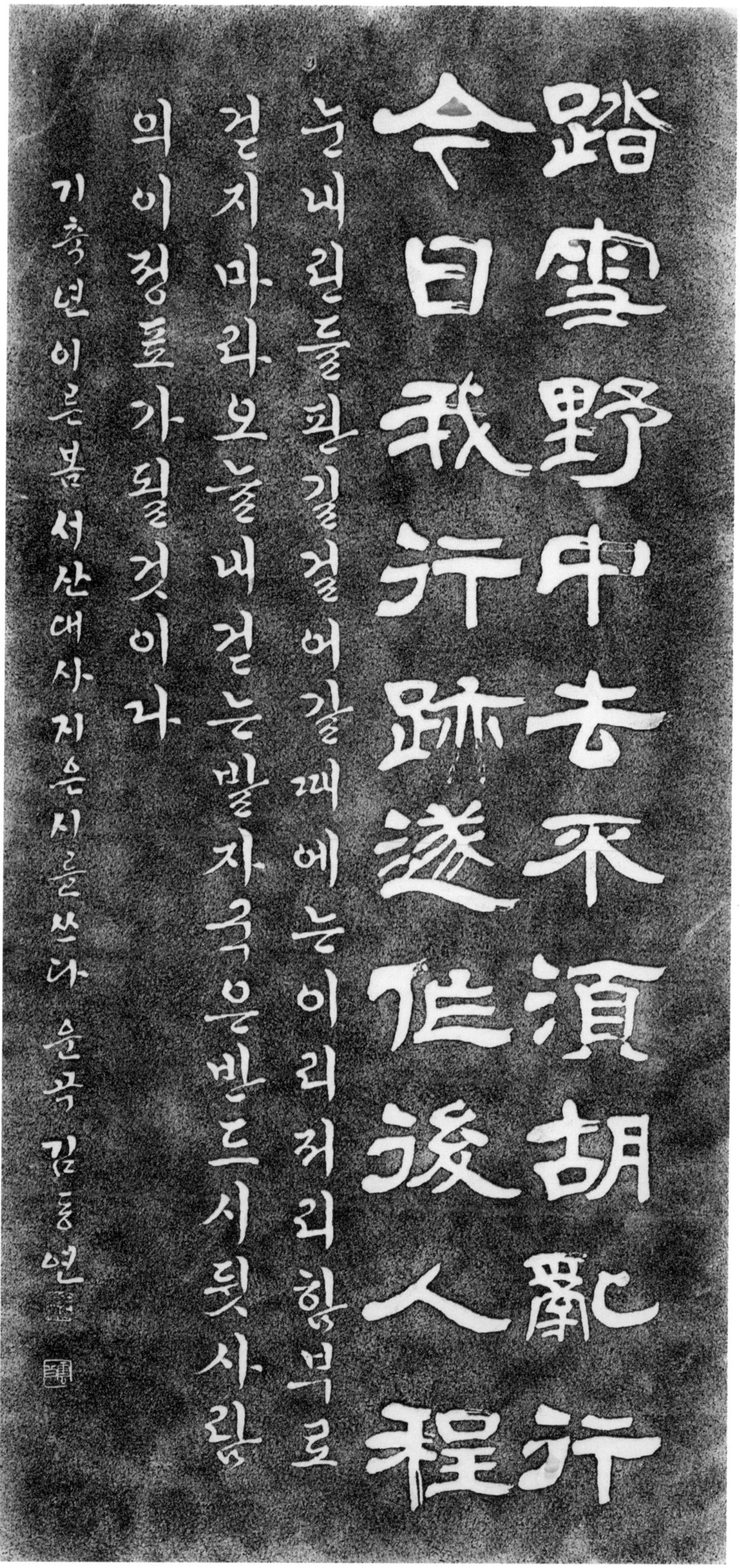

중국서법문화박물관 <상지비림>소재 탁본

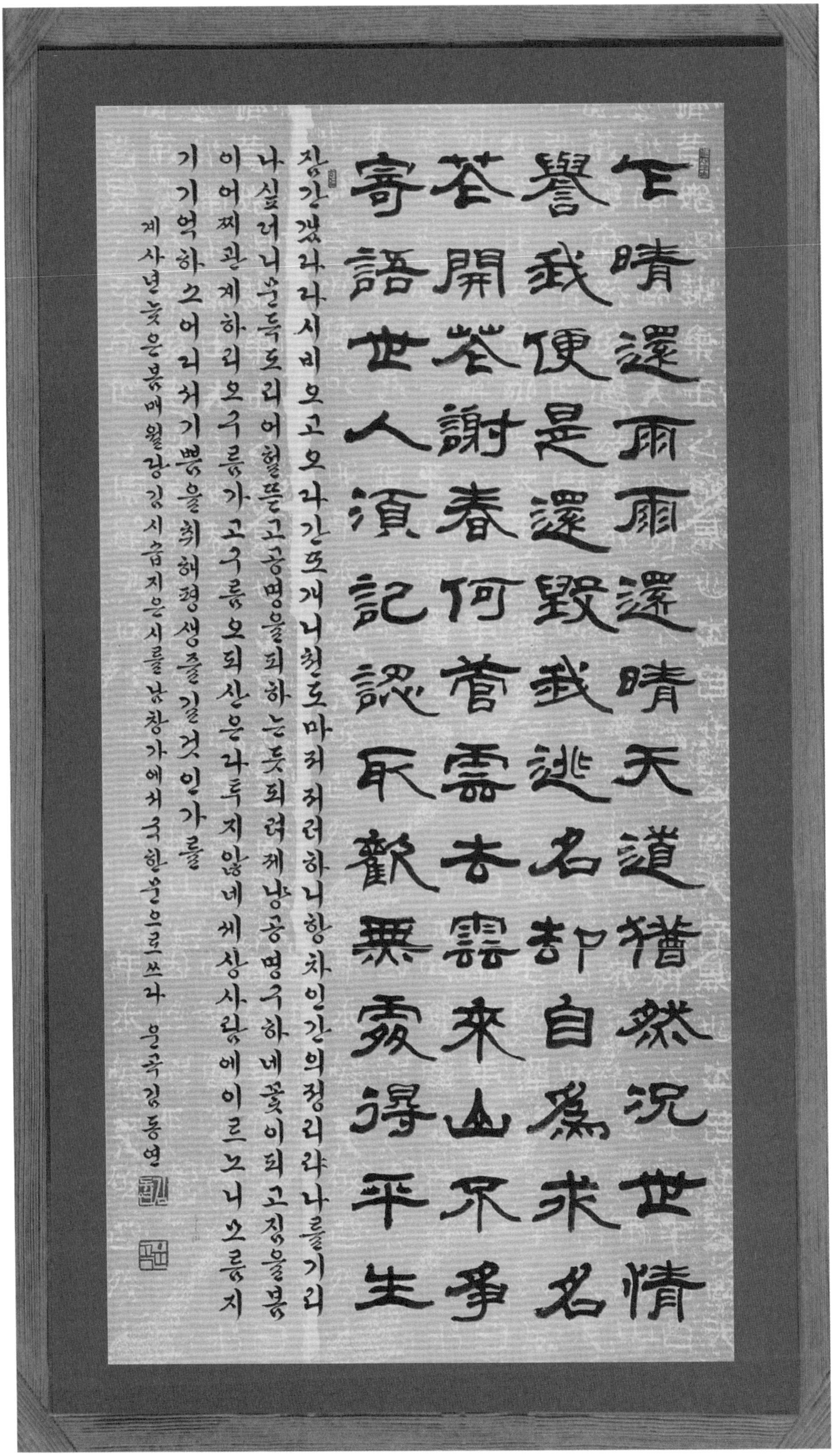
乍晴還雨雨還晴
天道猶然況世情
譽我便是還毁我
逃名却自爲求名
花開花謝春何管
雲去雲來山不爭
寄語世人須記認
取歡無處得平生
잠간갰다가다시비오고오다가또개니천도마저저러하니항차인간의정리랴나를기리
나실더니문득도리어헐뜯고공명을피하는듯되려제낭공명구하네꽃이피고짐을봄
이어찌관계하리오구름가고구름오되산은다투지않네세상사람에이르노니모름지
기기억하소어디서기쁨을취해평생즐길것인가를
계사년늦은봄매월당김시습지은시를남창가에서국한문으로쓰라 우곡김동연

괴산군 애한정 동몽선습비 탁본

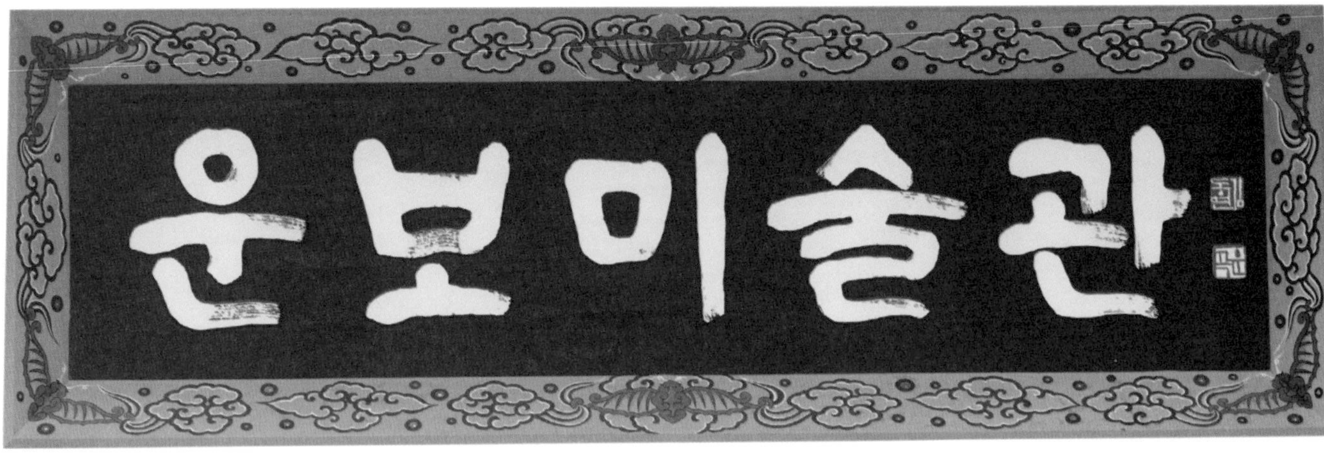
운보미술관

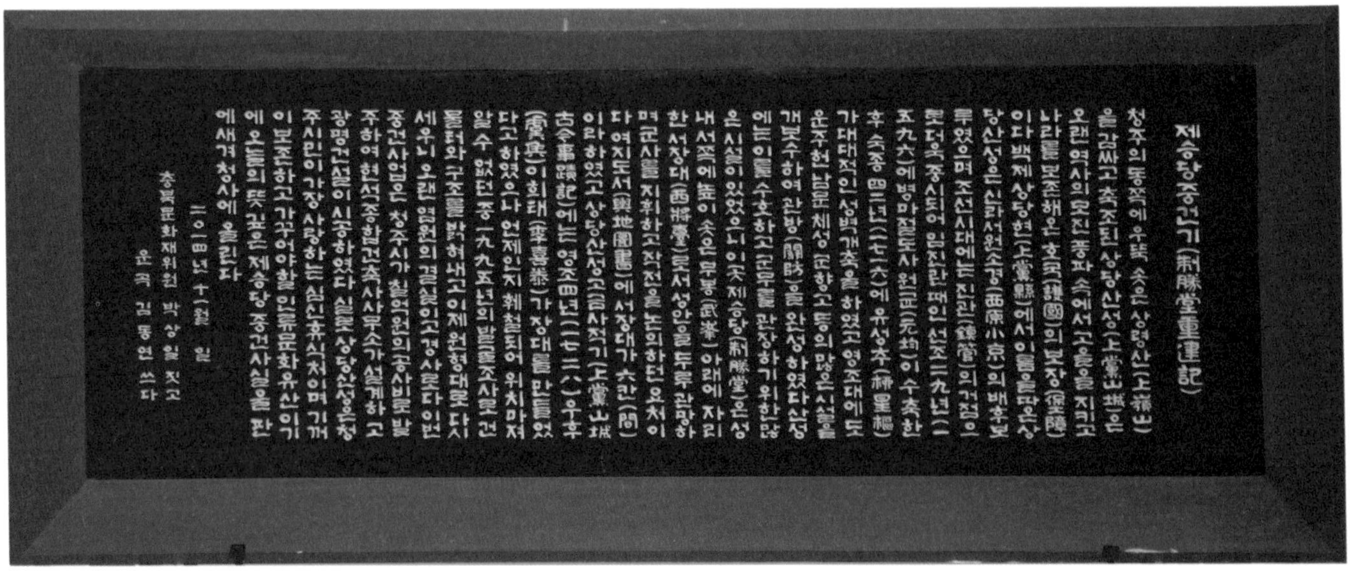
제승당중건기(制勝堂重建記)

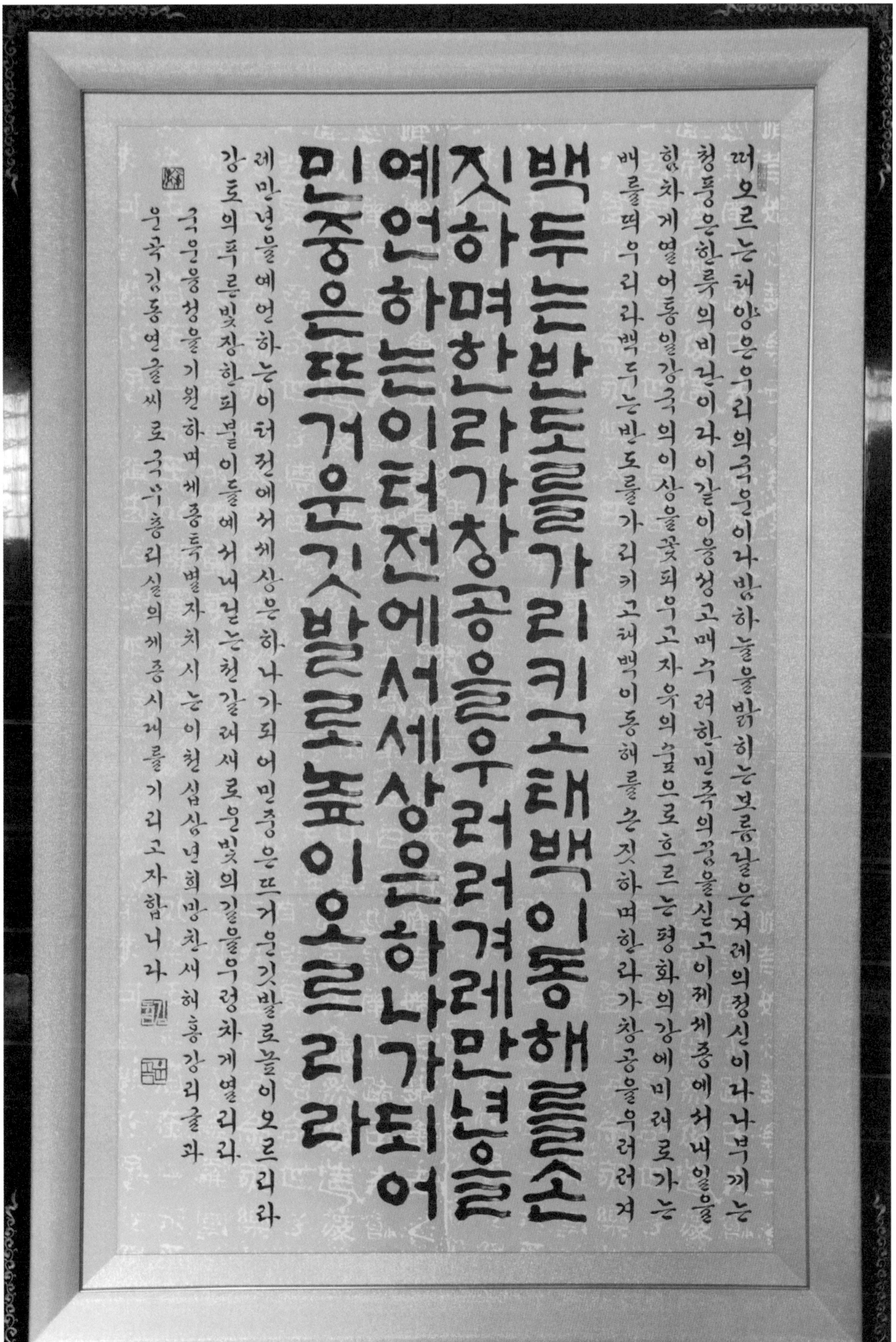
떠오르는태양은우리의국운이라밤하늘을밝히는보름달은겨레의정신이라나부끼는
청풍은한류의비간이라이같이웅성고매수려한민족의꿈을싣고이제세중에서내일을
힘차게열어통일강국의이상을꽃피우고자유의숲으로흐르는평화의강에미래로가는
배를띄우리라백두는반도를가리키고태백이동해를손짓하며한라가창공을우러러겨
백두는반도를가리키고태백이동해를손
짓하며한라가창공을우러러겨레만년을
예언하는이터전에서세상은하나가되어
민중은뜨거운깃발로높이오르리라
레만년을예언하는이터전에서세상은하나가되어민중은뜨거운깃발로높이오르리라
강토의푸른빛장한뫼물이들에서내린는천갈래새로운빛의길을우렁차게열리라
국운융성을기원하며세종특별자치시는이천십삼년희망찬새허홍강리글과
운곡김동연글씨로국무총리실의세종시대를기리고자합니다

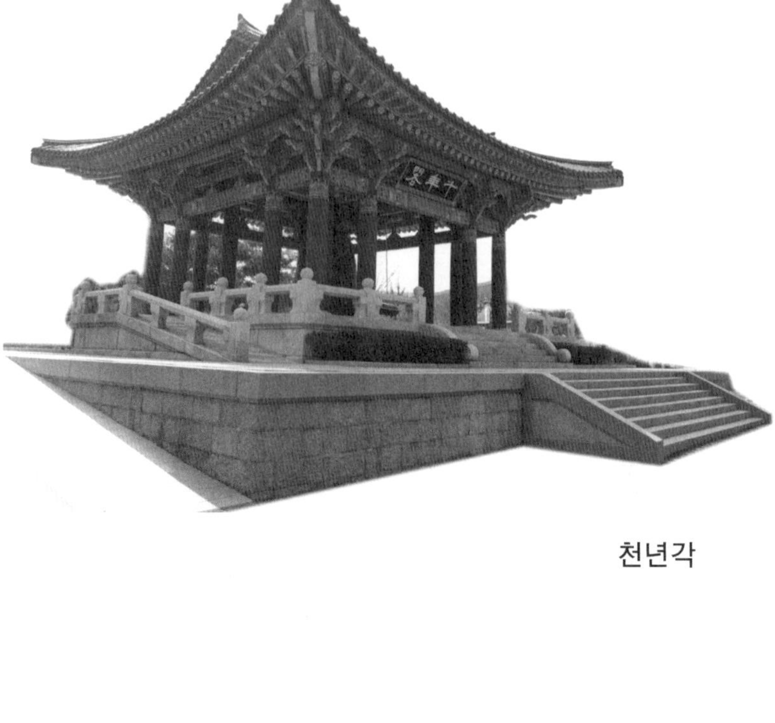

천년각

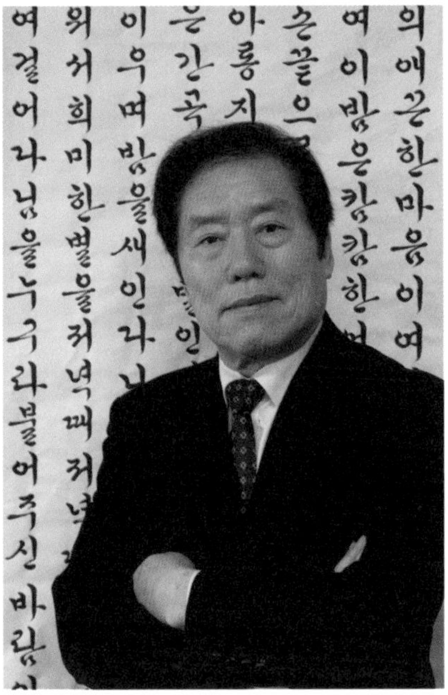

운곡 김동연 (雲谷 金東淵)

◎ 저자 경력

- 청주대 행정과 동 대학원 졸
- 국전입선 5회('75~)
- 대한민국미술대전 입선('83)
- 대한민국미술대전 특선 2회('84,'85)
- 국립현대미술관초대작가('87~)
- 대한민국서예대전초대작가 및 심사위원, 운영위원장 역임
- 충남,강원,경남,인천,경북,대전,제주,광주 시도전 등 심사위원 역임
- 청주직지세계문자서예대전 운영위원장
- 충북미술대전초대작가 및 운영위원 역임
- 충북대, 청주대, 공군사관학교, 청주교대, 서원대, 대전대, 목원대, 한남대 등 서예강사
- 사)국제서법예술연합한국본부호서지회장 역임
- 사)충북예총부회장 역임
- 사)청주예총지회장(5,6,7대) 역임
- 재)운보문화재단 이사장 역임

<수상경력>

충청북도 도민대상, 청주시 문화상, 충북예술상, 원곡서예상,
한국예총예술문화상, 충북미술대전초대작가상,
청주문화지킴이상 수상

<금석문 및 제액>

청주시민헌장, 예산군민헌장, 괴산군민헌장, 지방자치헌장비,
서원향약비, 태백산비, 흥덕사지비, 천년대종기념비, 동몽선습비
사벌국왕사적비, 신채호선생동상비, 보화정재건비, 만세유적비,
장열사사적비, 연화사사적비, 함양박공돈화선생유허비,
기독교전래기념비, 매월당김시습시비, 민병산문학비, 신동문시비,
구석봉시비, 전의유래비, 무심천유래비, 법주사용화정토기,
예술의전당(청주), 천년각, 응청각, 동학정, 우암정, 한벽루, 정곡루,
대통령기념관, 운보미술관, 묵제관, 효열문, 충의문, 상룡정, 보화정,
충익사, 주왕사, 숭절사, 제승당,
청주지방법원, 청주지방검찰청, 충북지방경찰청, 영동군청,
청주교육대학교, 서원대학교, 충북예술고등학교, 흥덕고등학교,
충청북도의회, 충북문화관, 충북예총, 청주예총, 세종특별자치시,
청주고인쇄박물관 등

- 사)해동연서회창립회장 (현)명예회장
- 사)세계문자서예협회이사장(현)

<저 서>

- 겨레글 2350자『궁체정자』(2019. 주 이화문화출판사 간)
- 겨레글 2350자『궁체흘림』(2019. 주 이화문화출판사 간)
- 겨레글 2350자『고　　체』(2019. 주 이화문화출판사 간)
- 겨레글 2350자『서 간 체』(2019. 주 이화문화출판사 간)

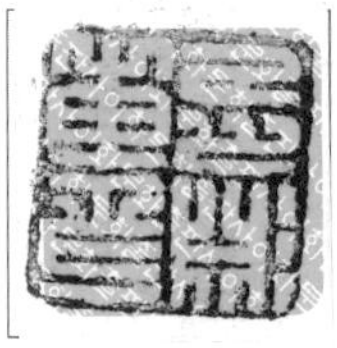

겨레글 2350자
궁체흘림

초판발행일 | 2019년 5월 5일

저 자 | 김 동 연

충청북도 청주시 상당구 탑동로 78
101동 1202호 (탑동, 현대APT)
Tel. 043-265-0606~7
Fax. 043-272-0776
H.P. 010-5491-0776
E-mail : dong0776@hanmail.net

발행처 | ㈜이화문화출판사
발행인 | 이 홍 연 · 이 선 화
등록 | 제300-2004-67호
주소 | 서울시 종로구 인사동길12 대일빌딩 310호
전화 | (02)732-7091~3 (구입문의)
FAX | (02)725-5153
홈페이지 | www.makebook.net

ISBN 979-11-5547-385-6 04640

값 20,000원